PETER
SCHALLENBERG

Wer ist
GOTT
und was machen wir
wenn es
ihn gibt **?**

PETER
SCHALLENBERG

Wer ist
GOTT
und was machen wir
wenn es
ihn gibt **?**

Sankt Ulrich Verlag

Für alle Anregung, Hilfe und Korrektur danke ich von Herzen
Tobias Ebert, Manuel Klashörster, Manuel Peters,
Jan Propach, David Sonntag und dem Lektor
des Sankt Ulrich Verlages, Michael Widmann.

Gewidmet sei das Büchlein in Freundschaft und Dankbarkeit
Bischof Dr. Josef Clemens, Rom.

Bibliographische Information der Deutschen Bibliothek

Die Deutsche Bibliothek verzeichnet diese Publikation in der
Deutschen Nationalbibliographie; detaillierte bibliographische Daten
sind im Internet über http://dnb.ddb.de abrufbar.

© 2010 by Sankt Ulrich Verlag GmbH, Augsburg
Alle Rechte vorbehalten
Umschlaggestaltung: uv media werbeagentur
Mediengruppe Sankt Ulrich Verlag, Augsburg
Titelbild: Peda © www.kunstverlag-peda.de
Druck und Bindung: Ludwig Auer GmbH, Donauwörth
Printed in Germany
ISBN: 978-3-86744-129-2
www.sankt-ulrich-verlag.de

INHALT

Zur Einführung

Die im Buchtitel gestellte Frage ist zunächst ganz wörtlich und ganz einfach zu nehmen: Wer ist Gott? Der Christ weiß es durch die Heilige Schrift und die Offenbarung Gottes in Jesus Christus. Diese Offenbarung wird im Glauben der Kirche und in den Sakramenten, besonders in der Eucharistiefeier, entfaltet. So entsteht in den ersten Jahrhunderten der Christenheit das „Apostolische Credo", das Glaubensbekenntnis. In verschiedenen, so genannten „Glaubensartikeln" wird der Glaube an Gott in menschliche Sprache gebracht. So soll deutlich werden, auch über den Abstand von Jahrhunderten hinweg, wer Gott ist. Also: Wer ist Gott? Und die christliche Antwort lautet in aller Kürze: Gott ist der Vater Jesu Christi! Im Prolog des Johannes-Evangeliums heißt es: „Niemand hat Gott je gesehen. Der Einzige, der Gott ist und am Herzen des Vaters ruht, er hat Kunde gebracht." (Joh 1, 18)

Damit aber ergibt sich ganz logisch als zweite Frage: Wenn wir nun wissen – besser: glaubend erahnen – und bekennen, wer Gott ist, was folgt daraus? Was also machen wir konkret und im Alltag, wenn es ihn gibt, und wenn es ihn so gibt, wie wir ihn als den Vater Jesu

Christi im Glaubensbekenntnis bekennen? Mit anderen Worten: Was sind die moralischen Folgen des „Credo"?

Damit beschäftigen sich die folgenden Überlegungen. Daher soll zunächst die Frage erörtert werden, ob ein moralisches Leben ohne Gott sinnvoll erscheint. Sodann wird erläutert, warum es besser ist, von der Existenz Gottes und vom christlichen Glauben an Gott auszugehen und so zu leben, als gäbe es Gott wirklich – ein Gedanke, der Papst Benedikt XVI. immer wieder in Form des kleinen Satzes „etsi Deus daretur" (als wenn es Gott gäbe) fasziniert. Und schließlich sollen die einzelnen Artikel des Credo gleichsam moraltheologisch unter die Lupe genommen werden und abgeklopft werden auf ihre ethische Relevanz hin: Was machen wir, wenn es Gott gibt?

Dahinter steht die klare und nüchterne Erkenntnis, dass wir an Gott zweifeln können; dass wir leben können, als gäbe es ihn nicht; dass wir, mit einem Wort, unsere religiöse Gewissheit und unter Umständen dann auch unser Gewissen verlieren können. Vielleicht sogar nicht nur können, sondern müssen? Vielleicht gehört es zum Erwachsenen, den kindlichen Glauben und die kindliche Gewissheit verwandeln und anzweifeln lassen zu müssen? Und aus solchem Zweifel, der ein prominentes Vorbild im zweifelnden Apostel Thomas hat, könnte dann ein neuer und gereifter Glaube an Gott erwachsen. Hans Conrad Zander zitiert in diesem Zusammenhang (und für den Fall eines ungewiß gewordenen Glaubens an Gott) am Ende seines großartigen Büchleins „Von der rechten Art, den Glauben zu verlieren" den hl. Johannes vom Kreuz: „Für diesen Fall scheint mir ein Gedankengang des hl. Johannes vom Kreuz sehr interessant. In heutige Begriffe übertragen, vertritt der spanische Karmeliter die Ansicht, dass der Verlust der religiösen Gewissheiten keineswegs eine Art Unfall sei, der einem gläubigen Menschen wenn möglich nicht passieren sollte. Der Verlust jener religiösen Überzeugungen und Empfindungen, die wir mit Simone Weil als die ‚Tröstungen der Religion' bezeichnet haben, sei vielmehr etwas Gesundes und Notwendiges. Nur ein Mensch, der seine hergebrachten religiösen Gewissheiten verloren habe, sagt der hl. Johannes vom Kreuz, sei fähig zum Kontakt mit dem lebendigen Gott." (Münster 2009, 56)

Theologie hat es immer mit der Frage zu tun: Gibt es Gott? Ethisch interessierte Theologie führt die Frage weiter: Wenn es Gott gibt, was würde und müsste sich ändern im Denken und Handeln? Moraltheologie spitzt die Frage nochmals zu: Wenn es Gott offenbar gibt in der Menschwerdung Jesu Christi – was folgt daraus für den Menschen und sein Leben? Im Hintergrund steht die skeptische Frage, die Bert Brecht in eine Kurzgeschichte kleidet. Der Schluß bleibt offen. Einer fragte Herrn K., ob es einen Gott gäbe. Herr K. sagte: „Ich rate dir, nachzudenken, ob dein Verhalten je nach Antwort auf diese Frage sich ändern würde.

Würde es sich nicht ändern, dann können wir die Frage fallen lassen. Würde es sich ändern, dann kann ich dir wenigstens noch soweit behilflich sein, dass ich dir sage, du hast dich schon entschieden: Du brauchst einen Gott."

Moralisch leben ohne Gott?

Gott als Zumutung

„Es gibt wahrscheinlich keinen Gott. Jetzt hör auf, dich zu sorgen, und genieße dein Leben!" So konnte man es vor einiger Zeit auf öffentlichen Bussen in London lesen. Und etwas gelehrter und eleganter drückt es der englische Journalist Julian Barnes in der ersten Zeile seines neuen Buches „Nichts, was man fürchten müsste" aus: „Ich glaube nicht an Gott, aber ich vermisse ihn. Das ist meine Antwort auf einschlägige Fragen. Ich habe meinen Bruder, der in Oxford, Genf und an der Sorbonne Philosophie gelehrt hat, um seine Meinung zu diesem Satz gebeten, ohne zu verraten, dass er von mir stammt. Er befand kurz und bündig: Sentimentaler Quatsch." (Köln 2010, 7) Ist Gott nur eine Erfindung der menschlichen Hormone, eine Laune des Gefühls, kurzum: sentimentaler Quatsch? Und wird nicht in der Tat mit dem Satz auf den englischen Bussen ein weit verbreitetes Zeitgefühl gespiegelt, das den gläubigen Christen etwas ratlos oder sogar verlegen zurücklässt? Denn der erste Satz mit dem unscheinbaren Wörtchen „wahrscheinlich" ist ja in seinem hintergründigen Anspruch ziemlich raffiniert. Denn Gott ist mathematisch und naturwissenschaftlich nicht beweisbar und entzieht sich damit einer bloßen Tatsachenbehauptung. Gott ist kein Sachgegenstand und kommt in der Welt der normalen Alltagserfahrung nicht vor, es sei denn als Vermutung oder als Wahrscheinlichkeit – oder eben auch als Unwahrscheinlichkeit. Und die Fortsetzung des Satzes auf den Bussen ist noch viel raffinierter als der Beginn: Selbst wenn es wahrscheinlich schiene, dass es Gott gibt – wird das Leben nicht viel schwerer und belastender, wenn man an Gott glaubt? Und umgekehrt: Wird das Leben nicht leichter und sorgloser und fröhlicher ohne Gott (und dessen stets dräuenden Moralanspruch, wie man in Gedanken ergänzen kann)? Denn bei Licht besehen und in nüchterner Sicht lässt sich nicht leugnen, dass Gott und sein Anspruch auch zur „Gottesvergiftung" eines menschlichen Lebens führen kann. Der römische Theologe Klaus Demmer nennt eines seiner Bücher einmal „Zumutung aus dem Ewigen"; er schreibt von der christlichen Botschaft, sie sei „dort am stärksten, wo sich Menschen in verblüffender Einfachheit auf jene Zumutung einlassen, die aus dem Ewigen kommt. Sie bleiben immer die Ausnahme, sie machen nicht auf sich aufmerksam, öffentlicher Applaus zählt für sie nicht." (Freiburg/Br. 1991, 94) Der doppelte Wortsinn des deutschen Begriffs „Zumutung" macht schnell deutlich, wie verschieden ein Mensch von Gott denken kann: Gott und seine Liebe können als befreiende Anmutung und Zumutung, als ermutigende Aufforderung und Anforderung empfunden werden. Oder aber umgekehrt: Gott kann als erdrückende Zumutung und einschnürende Belastung erscheinen, der Lebensatem und Lebensfreude nimmt. Und an dieser Stelle kann, je nach religiöser Erziehung und je nach konfessioneller Prägung, leicht der Gedanke sich einschleichen: Lebt es sich nicht leichter ohne Gott und seine ständige moralische Sozialkontrolle? Alles in allem: Die suggestive Wirkung des Satzes aus London ist überhaupt nicht von der Hand zu weisen und bündelt sich in zwei kurzen Behauptungen. Nämlich erstens: Es gibt keinen schlüssigen und mathematischen Beweis für die Existenz Gottes. Und daher folgt daraus zweitens: Da die Annahme Gottes das Leben nicht sorgloser, sondern sorgenvoller macht, ist es besser, auf Gott zu verzichten.

Macht Gott glücklich?

An welchen Gott glaubt der Christ? Natürlich an den Gott Jesu, nicht an irgendein geheimnisvolles überirdisches Wesen. Und was sind die Folgen dieses Glaubens an den Gott und Vater Jesu? Wird der Mensch dadurch besser oder gar glücklicher und sorgenfreier? Schon vor Jahren bemerkte dazu der katholische Theologe Johann Baptist Metz: „Der Gott Jesu macht nicht unglücklich. Aber macht er glücklich? Beantwortet er unsere Glückserwartungen? Die sollen hier keineswegs misanthropisch denunziert werden. Freilich muß darauf geachtet werden, dass sich heute immer mehr solche Glückserwartungen ausbreiten und durchsetzen, die kein ‚Glück inklusive Schmerz‘, kein von Leid und Trauer unterströmtes Glück mehr kennen wollen, die vielmehr am je eigenen Glück mit Leid- und Trauervermeidungsstrategien arbeiten. Macht Gott in diesem Sinn glücklich? Im Sinn eines sehnsuchts- und leidensfreien Glücks? War Israel je in diesem Sinn glücklich mit Jahwe? War Jesus in diesem Sinn glücklich mit seinem Vater? Macht biblisch begründete Religion in diesem Sinn glücklich? Schenkt sie gelassene Selbstversöhntheit, ein Innewerden unserer selbst ohne jegliches Erschrecken und Aufbegehren, ein Wissen um uns selbst, ohne etwas zu vermissen? Beantwortet sie die Fragen? Erfüllt sie die Wünsche, wenigstens die glühendsten? Ich zweifle." (Gottespassion, Freiburg/Br. 1991, 33) Dieser scharfsinnigen Analyse ist im Grunde nicht viel hinzuzufügen. Man könnte höchstens noch erklärend bemerken: Der christliche Gott, der nach der Überzeugung der Bibel ein Gott der Liebe ist (und nicht einfach ein Gott der Gesetze und des Gehorsams), ist in der Tat ein eifersüchtiger und streitbarer Gott. Er wirbt um die Liebe des Menschen, jedes Menschen, und gibt sich nicht zufrieden, bis jeder Mensch angesichts der Frage Gottes „Liebst du mich?" seine Entscheidung fällt und seine Antwort gibt. In vollkommener Freiheit, als Ja oder Nein. Aber als Entscheidung. Es verhält sich hier wie mit einer menschlichen Liebesbeziehung. Auch hier gilt nur Ja oder Nein, und ein Mensch, der verliebt ist, will vom anderen Menschen, den er liebt, Antwort. Es ist nicht lästerlich, sondern entspricht guter biblischer Tradition, zu sagen: Gott ist in den Menschen verliebt.

Paradiesische Liebe

Das theologische Konzept der Schöpfung und die biblischen Schöpfungserzählungen drücken genau dies aus: Gott schafft Welt und Mensch aus reiner Gnade und bloßer Liebe und will mit dem Menschen zusammen sein. Dafür steht das alttestamentliche Bild des Paradieses: geschenkte Gemeinschaft mit Gott als dem höchsten Glück des Menschen. Aber: Wie jedes Geschenk kann auch dieses (und überhaupt das Geschenk des Lebens) bezweifelt werden, es kann gefragt werden: Ist dies wirklich mein Glück oder wäre es anderswo (ohne Gott und ohne seine Liebe) besser? In jeder Ehe und in jeder Freundschaft kann tagtäglich so gefragt werden, und es kann damit der innerste, beglückende Wert der Ehe oder der Freundschaft bezweifelt werden – bis hin zur stillen Verzweiflung über sich selbst und das eigene tiefsitzende Unvermögen, auf Liebe einfach spontan mit Liebe antworten zu können. Gemeint ist hier eine tiefgehende Verzweiflung über sich selbst, eine Verzweiflung von der Art, wie sie etwa der dänische Philosoph und Theologe Sören Kierkegaard (1813–1855) ausführlich beschrieben hat.

Eine solche Verzweiflung könnte ganz harmlos ausgehen von der schlichten Frage: Warum liebe ich andere Menschen? Und warum lieben andere Menschen mich? Etwa im Sinn der Frage aus den Tagebüchern von Max Frisch: Möchten Sie mit sich befreundet sein? Sind wir nicht alle gefangen in einem großen Karussell der ständigen Bedürfnisbefriedigung und der gegenseitigen Benutzung, wohlverpackt in sozialverträgliche Formen der Höflichkeit und des Anstands? Sind wir eigentlich in der Lage, die Seele des anderen Menschen zu berühren und uns selbst an der Seele durch den Mitmenschen berühren zu lassen? Werden wir wirklich verstanden und verstehen wir andere Menschen – nicht bloß mit dem äußeren Gehör, sondern mit dem inneren Ohr unseres Herzens? Aber schon das ständige leise Kreisen um diese Fragen kann ja zur stillen Verzweiflung führen: Ist der Mensch nicht wirklich dazu verdammt, ständig und überall um sich und seine Belange zu kreisen? Sind wir eigentlich wirklich fähig zu hingebender, reiner Liebe? Oder ist diese liebende Hingabe eine bloße Chimäre, ein weißes Einhorn, von niemandem je gesichtet und nur im Märchen vorkommend? Ist es wirklich so, wie Sigmund Freud einmal notierte, dass es im Bauplan der Natur nicht vorgesehen sei, dass der Mensch glücklich werde? Eine höchst beunruhigende und höchst verzweifelte Auskunft...

Überleben oder gut leben

Für solchen tiefen, existentiellen Zweifel am geschenkten Glück des Lebens mit Gott steht der Griff Adams nach dem Apfel. Nicht der Apfel ist hier wichtig, vielmehr der Baum, von dem der Apfel genommen wird, der Baum der Erkenntnis von Gut und Böse, und zwar näherhin der Baum in der Mitte des Gartens: Die Mitte nämlich darf nicht angetastet werden, sonst zerfällt alles. Wird die Mitte des Lebens bezweifelt, wird die Axt des Zweifels an die Wurzel des Lebensbaumes gelegt, wird im Herzen angezweifelt, ob der Mensch, der zu mir sagt „Ich liebe dich", es wirklich ernst meint, wird so an Gott und seiner Liebe gezweifelt, dann wird der ganze Lebensraum mit dem Mehltau der Vergeblichkeit überzogen und versteinert. Wenn niemand mich liebt, wofür lohnt es sich dann noch zu leben? Übrig bliebe einzig die alltägliche Mühe des Überlebens, ohne dass man der Frage, was denn das letzte Ziel dieses Überlebens sei, nähertreten dürfte. Die griechische Sprache fasst diesen Unterschied zwischen dem bloßen Überleben und dem wirklich guten Leben in die Begriffe „bios" und „zoé". Ersteres ist das rein biologische Überleben, das primäre Bedürfnis jedes Lebewesens, vom Grashalm bis hin zum Menschen. Aber im Unterschied zum Grashalm kann und muß der Mensch mit seinem Geist sich nach dem zweiten, dem guten Leben, dem Inhalt des Überlebens befragen: Wozu und zu welchem Ziel ist mir als Mensch dieser Lebensraum gegeben? Eine Antwort auf diese

Frage aller Fragen ist nicht innerhalb der Grenzen von Zeit und Raum, nicht innerhalb des biologischen Lebensraumes zu finden. Eine Antwort ist nur zu finden im entschlossenen Sprung über die Grenze dieses naturhaften Lebensraumes, im entschlossenen Denken dessen, was wir mit Gott meinen. Oder aber es wird, heroisch und resignierend, auf eine Antwort verzichtet und der Raum außerhalb des Paradieses und jenseits von Gott als bestmöglicher Lebensraum des Menschen angesehen. Dafür steht in der biblischen Überlieferung das Bild der Vertreibung aus dem Paradies, buchstäblich der Verlust der paradiesischen Unschuld. Jener Unschuld des Kindes, das noch keinen umständlichen Gedanken daran verschwenden muß, sich Gedanken machen zu müssen, ob die Eltern es ernst meinen mit ihrer Liebe... O selig, ein Kind noch zu sein – allein, die Verhältnisse, sie sind nicht so!

Gott ist nicht nützlich

Die Verhältnisse sind vielmehr so, dass uns der direkte Weg zurück ins Paradies seliger Kindesgewissheit versperrt ist. Jeder lebt jenseits von Eden und außerhalb des Paradieses, oder anders: Niemand kann sich das lebensnotwendigste Gut der Liebe so schlicht und einfach als wirklich beweisen, wie irgendeinen Sachgegenstand des Alltages, etwa einen Stuhl oder ein Messer. Bei solchen Sachen fällt der Glaube scheinbar glücklicherweise dem Beweisen zum Opfer. Niemand ist nämlich angewiesen auf Glauben oder auf Wahrscheinlichkeit angesichts eines Messers: Ein einfacher Schnitt genügt, und der Beweis liegt auf der Hand! Für den modernen (oder gar den postmodernen) Menschen scheint sich längst alles auf beweisbare Sachgegenstände und damit auf pure Technik reduziert zu haben, und jener moderne Mensch ist je länger je mehr geneigt, dieser Entwicklung begeistert zuzurufen: „Und das ist auch gut so!" Denn wird nicht das Leben leichter und sorgloser, mit einem Wort: glücklicher, wenn man sich auf die Tauglichkeit von Technik und Gegenständen verlässt und den schwankenden Boden der Vermutung und der Wahrscheinlichkeit entschlossen hinter sich lässt? Ist dies nicht die durchaus logische Entwicklung der Menschheit seit der Entdeckung der ersten mathematischen Gesetze bei den alten Griechen, seit Euklid und Pythagoras? Stammt nicht der brüchige Glaube an Gott in Wahrheit aus jener finsteren Vorzeit, in der es kaum Technik und viel Aberglauben gab? Und wird nicht der Glaube an Gott mit der segensreichen Erfindung des Fernrohres, des Blitzableiters und des Kühlschrankes endgültig überflüssig? Jedenfalls immer dann, wenn Gott als bloßer Gegenstand gedacht wird, als hilfreiche Erfindung des Menschen zur Erleichterung des Überlebens, als segensreiche und nützliche Überlebensmaschine in Zeiten der Cholera und der Erdbeben. Hier könnte man an das berühmte Zitat des hl. Augustinus aus seinem monumentalen Werk „Vom Gottesstaat" denken: „Denn die Guten gebrauchen die Welt zu dem Zweck, um Gott zu genießen; die Bösen dagegen wollen Gott gebrauchen, um die Welt zu genießen." (De civitate Dei XV 7) Dieser nützliche Gott wäre so hilfreich wie etwa ein nützlicher Mensch, den man heiraten würde, um glücklich zu werden – besser nähme man täglich und ausgiebig Baldrian ... Ein solcher Mensch und ein solcher Gott wäre nur solange nützlich und hilfreich, als die Technik dem Gottesglauben hinterherhinkt, und wenn erst die Technik und die Medizin erdbebensichere Häuser und cholera-resistente Menschen konstruiert hat, kann auf diesen Gott gut und gern verzichtet werden. Welcher Gott bleibt dann aber noch?

Fleisch und Geist

All das gälte freilich nur, wenn und insofern der Mensch (jene Person mit unsterblicher Seele, von der die alten Griechen reden) selbst nicht mehr wäre als ein solcher Sachgegenstand, mathematisch beweisbar in seiner körperlichen Existenz und Funktionstüchtigkeit, aber eben nicht mehr. Wenn aber der Mensch sich als Person verstehen kann, als beseeltes Lebewesen, das sich nicht (wie jede Grasmücke und jeder Grashalm) mit dem nackten Überleben begnügt, sondern sich (durchaus verzweifelt) nach dem letzten Sinn und Warum und Wozu dieses Überlebens fragt, wenn also der Mensch mehr ist als nur eine in der Evolution besonders geschickt entwickelte Maschine – dann ist der Frage nach Gott wohl doch nicht auszuweichen. Dann würde der Mensch sich nicht mit einer einfachen Bedürfnisbefriedigung (wie jedes Tier) begnügen, sondern wollte mehr wissen, würde mehr wollen als nur funktionierende Technik, würde nach der Verwirklichung von Idealen streben. Sehr eindrucksvoll wird dieser Gegensatz im Neuen Testament durch den Gegensatz von „Fleisch" und „Geist" zum Ausdruck gebracht, etwa im so genannten Nikodemus-Gespräch zu nächtlicher Stunde, zu dessen Beginn der Pharisäer Nikodemus Jesus nach der Möglichkeit einer inneren Wiedergeburt fragt, einer Bekehrung und geistigen Umkehr, und Jesus ihm antwortet: „Amen, amen, ich sage dir: Wenn jemand nicht von neuem geboren wird, kann er das Reich Gottes nicht sehen. Nikodemus entgegnete ihm: Wie kann ein Mensch, der schon alt ist, geboren werden? Er kann doch nicht in den Schoß seiner Mutter zurückkehren und ein zweites Mal geboren werden. Jesus antwortete ihm: Amen, amen, ich sage dir: Wenn jemand nicht aus Wasser und Geist geboren wird, kann er nicht in das Reich Gottes kommen. Was aus dem Fleisch geboren ist, das ist Fleisch; was aber aus dem Geist geboren wird, das ist Geist. Wundere dich nicht, dass ich dir sagte: Ihr müsst von neuem geboren werden." (Joh 3,5–7) Vielleicht hat dieses Zwiegespräch in Jerusalem stattgefunden. Wer schon einmal in Jerusalem und dort im Garten Gethsemani gewesen ist, der wird sich gut erinnern an jenen Ort uralter Ölbäume und uralter Verschlafenheit: Dort schliefen die Jünger nämlich in der Stunde der größten Todesangst Jesu. Im Matthäus-Evangelium heißt es kurz und knapp: „Und er ging zu den Jüngern zurück und fand sie schlafend. Da sagte er zu Petrus: Konntet ihr nicht einmal eine Stunde mit mir wachen? Wacht und betet, damit ihr nicht in Versuchung geratet! Der Geist ist willig, aber das Fleisch ist schwach!" (Mt 26,40–41) Ist nicht auch unser Leben hin- und hergerissen zwischen Fleisch und Geist? Wenn wir ehrlich sind, bei der abendlichen Gewissenserforschung, bei der Vorbereitung auf eine gute Beichte, beim schlichten Rückblick auf das verflossene Jahr am Silvesterabend: Besteht nicht unser Leben allzu oft aus einer ermüdend langen Aneinanderreihung von verpassten Gelegenheiten, von Zaudern und Zögern angesichts drängender Entscheidungen, von ängstlichem Ausweichen gegenüber Problemen und Konflikten? Freilich, manches Problem löst sich durch Aussitzen besser denn durch allzu forsches Zupacken, aber keine unserer Entscheidungsschwächen und keiner unserer beliebten taktiererischen Kompromisse mit dem eben nur Zweit- oder Drittbesten vermag sich hinter der Allerweltsweisheit des Aussitzens erfolgreich zu verstecken – wir wissen um unsere Schwachheit angesichts der Ideale, angesichts des Guten und des Besten. Opfern wir nicht oft unsere großen Vorsätze, unsere Ideale und Träume zugunsten flüchtiger Zufriedenheiten und vergänglicher Vergeblichkeiten? Steht nicht die Befriedigung unserer Wichtigkeit und die hastige Teilnahme am allzeit fahrbereiten Karussell der Eitelkeiten ständig und auf lange Sicht verstörend im Vordergrund unseres Denkens und Tuns? Ein einfacher

Lackmus-Test kann uns rasch Klarheit verschaffen: Woran denke ich, wenn ich mich unbeobachtet und allein fühle? Wer immer nur an sich und die krampfhafte Durchsetzung der eigenen Interessen denkt, der lebt ständig auf Kosten anderer Menschen und kommt am Ende doch nie auf seine Kosten. Und wer ständig nur sein eigenes Schäfchen ins Trockene bringen will, sitzt sehr bald und unvermutet früh auf dem Trockenen und beginnt seelisch zu verdursten. Die Rede von Fleisch und Geist jedenfalls könnte uns aufmerksam machen auf die verborgene Spannung unseres Lebens, die unbedingt – angesichts des unbedingt fordernden Gottes – bewältigt werden muß: Wo opfern wir willfährig unsere langfristigen Ideale kurzfristigen Zufriedenheiten? Diese glichen dann vorletzten Idealen; dann würde der Mensch auf Dauer nur noch funktionieren, in letztlich sinnloser Technik der Lebensverlängerung, ohne das Wissen um ein letztes Ziel. Wenn das eintritt, dann begnügen wir uns mit dem flüchtigen Glück des Augenblicks, ohne die Spannung auf das letzte Gelingen des Lebens auszuhalten.

Technischer oder moralischer Fortschritt

Schon vor über sechzig Jahren macht der Theologe Romano Guardini in seinem Büchlein „Das Ende der Neuzeit" auf die zweideutige Rede vom technischen Fortschritt und der damit verbundenen Macht des Menschen über eigenes und fremdes Leben aufmerksam: „Der neuzeitliche Mensch ist der Meinung, jede Zunahme an Macht sei einfachhin Fortschritt; Erhöhung von Sicherheit, Nutzen, Wohlfahrt, Lebenskraft, Wertsättigung. In Wahrheit ist Macht etwas durchaus Mehrdeutiges; kann Gutes wirken wie Böses, aufbauen wie zerstören. Zu was sie tatsächlich wird, hängt davon ab, wie die Gesinnung ist, die sie regiert, und der Zweck, zu dem sie gebraucht wird. Bei genauer Prüfung zeigt sich aber, dass im Laufe der Neuzeit zwar die Macht über das Seiende, Dinge wie Menschen, in einem immer ungeheuerlicheren Maße ansteigt, der Ernst der Verantwortlichkeit aber, die Klarheit des Gewissens, die Kraft des Charakters mit diesem Anstieg durchaus nicht Schritt halten. Es zeigt sich, dass der moderne Mensch nicht zum richtigen Gebrauch der Macht erzogen wird..." (Würzburg 1950, 89) Und wenige Jahre vorher notiert der französische Schriftsteller Antoine de Saint-Exupéry in einem Brief kurz vor seinem tödlichen Flugzeugabsturz: „Man kann nicht mehr von Kühlschränken, Kreuzworträtseln und Bilanzen leben. Man kann es einfach nicht mehr!" Denn was wäre die Folge, wenn der Mensch einfach versuchen wollte, als technisch perfekt funktionierendes Lebewesen zu leben, umgeben von mathematisch beweisbaren Gegenständen und nützlich verwendbaren Menschen? Der Mensch als Rohmaterial ständiger Verbesserung – ist das der wahre moralische Fortschritt der Moderne? Die Folge wäre die konsequente Abschaffung des Menschen, jene „abolition of man", vor der kurz vor Ende des Zweiten Weltkrieges der britische Schriftsteller Clive Staples Lewis (1898–1963) so eindringlich warnt: „Der Prozeß, der, falls man ihm nicht Einhalt gebietet, den Menschen zerstören wird, spielt sich unter Kommunisten und Demokraten ebenso augenfällig ab wie unter Faschisten. Die Methoden mögen sich zunächst in der Brutalität unterscheiden. Aber manch ein sanftäugiger Naturgelehrter mit Zwicker, manch ein erfolgreicher Dramatiker, manch ein Amateurphilosoph in unserer Mitte verfolgt auf die Länge genau dasselbe Ziel wie die herrschenden Nazis in Deutschland. Das traditionelle Wertsystem soll abgetakelt und die Menschheit in eine neue Form umgeprägt werden, nach dem Willen (einem, wie gezeigt, unberechenbaren Willen) einiger glücklicher Leute der einen glücklichen Generation, die gelernt hat, wie man es macht." (Abolition of Man; in deutscher Übersetzung: Die Abschaffung des Menschen, Einsiedeln 1979, 75) Das Ende wäre dann die vollkommene technische Kontrolle des Menschen, der wie eine perfekt funktionierende Maschine gedacht ist. Das ist heute etwa die Versuchung der Technik in der Medizin, sei es in der modernen Fortpflanzungsmedizin, sei es am Lebensende in der intensiven Gerätemedizin: „Das Endstadium ist da, wenn der Mensch mit Hilfe von Eugenik und vorgeburtlicher Konditionierung und dank einer Erziehung, die auf perfekt angewandter Psychologie beruht, absolute Kontrolle über sich selbst erlangt hat. Die menschliche Natur wird das letzte Stück Natur sein, das vor dem Menschen kapituliert." (Ebd. 62)

Gutes und Schönes

Das wäre die letzte und folgenreichste Immoralität des Menschen: Sich selbst unter Wert, nein: unter Würde zu sehen und dann zu verkaufen, sich zu verschleudern im Discount der Verwertbarkeit, sich und den Mitmenschen als billigen Jakob zu betrachten und insgeheim verachten zu müssen. Hier genau liegt die Achillesferse des Satzes auf dem Londoner Bussen, der scheinbar so sorglos die Unwahrscheinlichkeit und Unnötigkeit Gottes behauptet: Wenn der Mensch aufhört, sich zu sorgen um mehr als nur Essen und Trinken und Schlafen und Verdauen und Fortpflanzen (und natürlich die effektive Nutzung der Londoner Verkehrsmittel), dann hat er in der Tat eine Sorge weniger, nämlich die Frage nach dem letzten Sinn. Aber er hat zugleich eine Frage mehr, nämlich: Wozu sollte das Genießen des Lebens gut sein?

Fast unbemerkt taucht hier an dieser Stelle das kleine Wörtchen „gut" auf, und es gibt unmittelbar zu denken. Zu denken wäre hier etwa an die weise Unterscheidung der griechischen Philosophie und Ethik von „gut" im Sinne technischer Richtigkeit (so dass ein Messer gut ist, einfach weil es gut schneidet) und „schön" im Sinne existentieller Stimmigkeit (so dass ein Freund oder Ehepartner schön ist, weil er mein Freund oder Ehepartner ist und nicht, weil er reich oder intelligent oder „smart" ist). Könnte es sein, dass der moderne Mensch, der fast unmerklich der suggestiven Überredung des Satzes vom sorglosen Lebensgenuß erliegt, dass dieser Mensch die uralte und wichtige Unterscheidung von „gut als nützlich" und „gut als schön" vergessen hat? Und könnte es sein, dass die wahre Lebenskunst nicht in einem Genuß der Lebenszeit ohne Reue, sondern in der Sorge um das rechte Genießen des Lebens liegt? Oder anders: Könnte es sein, dass der Mensch in der Tat ein Bürger zweier Welten ist, ein narzisstisches Bedürfniswesen auf der einen Seite und zugleich ein Wesen mit der Sehnsucht nach dem absolut Guten und Liebenswerten jenseits der eigenen Interessen?

Nochmals anders und mit dem hl. Augustinus gesprochen: Ist der Mensch nicht wirklich einerseits ein Bürger des Erdenstaates (der augustinischen „civitas terrena"), dessen Grundübel das Verwerten und Gebrauchen (das augustinische „uti") ist, und auf der anderen Seite ein Bürger des Gottesstaates (der augustinischen „civitas Dei"), dessen Grundtugend die göttliche Tugend der Liebe und des zweckfreien, freudigen Genießens ist (das augustinische „frui")? Genau so beschreibt ja der hl. Augustinus die zwei grundsätzlichen Lebensmöglichkeiten des Menschen, die sich eigentlich und von ihrem Wesen her ausschließen, und die dennoch wie zwei Seelen in unserer Brust zusammenleben wollen: „Demnach wurden die beiden Staaten durch zweierlei Liebe begründet, der irdische durch Selbstliebe, die sich bis zur Gottesverachtung steigert; der himmlische durch Gottesliebe, die sich bis zur Selbstverachtung erhebt." (De civitate Dei XIV 28) Und dann bestünde der wahre Genuß des Lebens nicht in einer technisch möglichst effektiven Verwertung der Lebenszeit, sondern in einer sinnvollen Hingabe der eigenen Lebenszeit an ein Ideal, das geeignet ist, den eigenen Tod zu überdauern. Mit anderen Worten: Gott.

Mehr als Warum: Wozu?

Noch einmal und mit den Worten von Johann Baptist Metz soll gefragt werden: Macht Gott glücklich? Es dürfte klar geworden sein, dass Gott jedenfalls nicht in einem oberflächlichen, sorgenfreien und friedhöflichen Sinn glücklich macht, etwa im Sinn eines Glücks als „happiness", als gedankenlose Fröhlichkeit. Denn wer sich geliebt weiß, oder besser: Wer vermutet, dass er in einer unvordenklichen und unausdenkbaren Weise geliebt (und nicht nur benutzt) wird, der schwebt in der ständigen Sorge der Entscheidung, auf solche Liebe mit Ja oder Nein, mit Zustimmung oder Ablehnung zu reagieren und reagieren zu müssen. Und er sorgt sich sodann und ganz natürlich um die rechte und gute Antwort.

Wer freilich vermutet, dass es mit der wahrscheinlichen Existenz Gottes nicht weit her ist, der findet sich weitgehend moralisch entlastet: An die Stelle Gottes und seiner fordernden Zumutung (von Abraham, dem das Opfer des eigenen Sohnes zugemutet wird, bis hin zu Petrus, der am Ende des Johannes-Evangeliums vom auferstandenen Herrn dreimal nach der größeren

Liebe gefragt wird und darüber in tiefe Traurigkeit versinkt) treten jetzt unvermutet (und auf Dauer mit weit größerem Druck der Zumutung) andere Dinge und andere Ideen. Und es ist gut, sich einige solcher Ersatzstoffe Gottes nüchtern und still vor Augen zu führen. Denn die Abschaffung Gottes oder der Verzicht auf seine Wahrscheinlichkeit lässt den Menschen ja keineswegs fraglos und sorgenfrei zurück. Im Gegenteil ist zu vermuten, dass die dem menschlichen Wesen imprägnierte Frage nach dem großen „Warum" (in die Vergangenheit zielend) und den kleinen „Wozus" (in die Zukunft und auf ein letztes Ziel hin gerichtet) sich auf andere Weise wieder meldet und drängend wird. In dieser Sicht ist die berühmte erste Frage des Katechismus „Wozu ist der Mensch auf Erden?" durchaus keine böswillige Erfindung elfenbeinturmiger Theologen, sondern schlicht und einfach kondensierte Alltagserfahrung: Niemand, der ehrlich mit sich selbst zu Rate geht, kann sich dieser Frage entziehen. Man kann freilich auf eine Antwort mangels Kompetenz verzichten – aber dann drängen sich Ersatzgötter heran, die eilfertig sich anbiedern, die entstandene Lücke zu füllen. Und jeder, der ehrlich auf sich und die Welt blickt, sieht solche Ersatzgötter – Werte nennen wir sie normalerweise, und wir kommen uns großartig dabei vor – und Ersatzreligionen, die an und für sich nicht schlecht sind, aber schlecht werden durch den ihnen aufgedrängten Anspruch auf Endgültigkeit: Familie, Freundschaft, Beruf, Freizeit, Sport, Geld. Nochmals: Nichts von all dem ist in sich schlecht (anders etwa als ein Besuch im Bordell oder das Mobben von Kollegen), schlecht ist nur das Fehlen einer letzten Perspektive und damit die ständige Überforderung der grundsätzlich wichtigen Werte.

Vorletzte Werte

Schon das deutsche Wort „Wert" könnte uns aufhorchen lassen: Werte sind eben vom Anspruch her nichts Letztes, sondern etwas Vorletztes; sie werden als stark bewertet in Hinsicht auf etwas Letztes und entfalten in genau dieser Hinsicht ihre Kraft. Mit einem Wort: Sie sind ein Instrument, um etwas Letztes zu erreichen, aber sie geben von sich aus keine Antwort auf ein letztes „Wozu?". Ein gutes Taschenmesser kann bei einer Bergwanderung von höchstem Wert sein, aber bei der stillen Begleitung eines sterbenden Menschen ist es vollkommen überflüssig.

Welche Werte von uns als stark bewertet werden, unterliegt freilich nicht einzig und allein unserer individuellen Freiheit. Manches ist uns von der Natur als wertvoll vorgegeben; die theologische Tradition spricht daher zu Recht von den so genannten naturhaften Neigungen, den „inclinationes naturales", denen jeder Mensch unterliegt. Dies sind nach Ansicht des hl. Thomas von Aquin (1224–1274) insbesondere drei große und den Menschen prägende Neigungen: Selbsterhaltung, Fortpflanzung und Kommunikation. Gegenüber diesen muß der Mensch sich verhalten, und die Natur lässt ihm, anders als dem Tier, genügend Freiraum, um sich in unterschiedlicher Weise verhalten zu können. Wir sprechen dann von Kultur, die auf der vorgegebenen menschlichen Natur aufbaut und ständig versucht, diese Natur zu verbessern – auf ein gedachtes und nicht einfach von der Natur vorgegebenes Ziel hin. Welches letzte Ziel der Mensch und eine Kultur sich vor Augen stellt, um von da aus alles andere zu bewerten, ist zunächst unentschieden; es kann das Volk oder die Sippe, die eigene Person oder Besitz, Wissen oder Macht sein. Es kann aber auch ganz jenseits unmittelbarer Anschauung liegen, ganz transzendent, also jenseits der gewohnten Alltagswelt sein: Dann sprechen wir von Gott und ordnen alle anschaulichen Werte dem letzten Ziel, der Gemeinschaft mit Gott, unter. Und da dieser Gott nach christlicher Überzeugung Mensch geworden ist, darf und muß ihm alles untergeordnet werden außer der Mensch selbst, da nur der Mensch, sonst nichts, Abbild Gottes ist.

Christentum schlechthin

Hier genau liegt der letzte humane Anspruch des Christentums, der dann sogar paradoxerweise die Freiheit dem Guten vorzieht: Liebe (als Inbegriff des Guten) ist nur in Freiheit möglich, daher gehören Religions- und Gewissensfreiheit in die Herzmitte des Christentums. Der Wert der Freiheit dient dem letzten Ziel der Gutheit, christlich gesprochen: der Liebe. „Gott ist die

Liebe" (1 Joh 4,16), so lautet im 1. Johannes-Brief die kürzeste Definition Gottes nach christlichem Glauben. Wird aber Gott als absoluter Inbegriff des Guten ausgeblendet, dann ist nichts mehr gut, dann fehlt die letzte jenseitige Perspektive, und es bleibt bloß der Raum des diesseitigen Lebens und des einigermaßen friedlichen Austausches von Interessen. Das ist Atheismus. Es bleibt dann bloß, was Albert Camus meisterhaft und resignativ für eine Welt ohne Gott auf den Punkt bringt: „Ich verlasse Sisyphos am Fuße des Berges! Seine Last findet man immer wieder. Nur lehrt Sisyphos uns die größere Treue, die Götter leugnet und die Steine wälzt. Auch er findet, dass alles gut ist. Dieses Universum, das nun keinen Herrn mehr kennt, kommt ihm weder unfruchtbar noch wertlos vor. Jedes Gran dieses Steins, jeder Splitter dieses durchnächtigten Berges bedeutet allein für ihn eine ganze Welt. Der Kampf gegen Gipfel vermag ein Menschenherz auszufüllen. Wir müssen uns Sisyphos als einen glücklichen Menschen vorstellen!" (Der Mythos von Sisyphos, Reinbek 1965, 101) Demgegenüber behauptet der christliche Glaube an Gott: Wir müssen es nicht - und wir dürfen es nicht, wenn wir den Menschen nicht auf seine vergebliche Sisyphosarbeit reduzieren wollen! Denn: „Niemand geht weiter, als wer vergessen hat, wohin der Weg führt" (Goethe).

Warum es besser ist, von der Existenz Gottes auszugehen

Hat das Christentum die Welt verbessert?

Wohin führt der Weg des Menschen und der Weg der Menschheit? Ist es erweisbar besser, von der Existenz Gottes auszugehen? Oder anders und konkreter gefragt: Hat das Christentum und sein Glaube an Gott die Welt verbessert? Eine Bilanz zu ziehen außerhalb von Mathematik und Buchhaltung ist immer sehr schwierig, daher suggeriert ja auch der zitierte Londoner Satz eine scheinbar schlüssige Wahrscheinlichkeitsrechnung: Wahrscheinlich gibt es Gott nicht, also fort mit diesem überflüssigen Ballast! Nach welchen Kriterien könnte man vorgehen bei dem Versuch, eine Antwort auf die Frage zu finden, ob der christliche Glaube an Gott Welt und Mensch verbessert habe? Wie könnte man gerechterweise das Leben eines Menschen bilanzieren, weiß doch nur jeder Mensch selbst um die zuhandenen Kräfte und Möglichkeiten. Und weiter: Wie könnte man ein solch komplexes Geschehen wie das Christentum in eine einigermaßen gerechte Bilanzrechnung bringen?

Möglicherweise hilft hier ein Gedanke weiter, der dem 18. Jahrhundert entstammt, dem großen Jahrhundert des Glaubens an Fortschritt und Verbesserung. Im Jahre 1749 nämlich lautete die Preisfrage der französischen Akademie von Dijon: Hat der Fortschritt der Wissenschaften und der Künste die Menschheit verbessert? Es war eine typische Frage jener Zeit und ist immer noch typisch auch für unsere Zeit mit der Neigung zu Bilanzen und Statistiken. Mit Blick auf das Christentum und seinen Glauben an den Gott Jesu könnte man die Frage vielleicht so zuspitzen: Was würde fehlen ohne das Christentum? Hans Maier unterstreicht in diesem Zusammenhang sehr schön: „Das Christentum ist nicht einfach die Lösung aller Welträtsel. Es ist auch nicht einfach ein Fortschrittsprinzip, ein politisch-soziales Therapeutikum. Das Christentum ist ein Maßstab – für die Christen der Maßstab schlechthin. An ihm wird die Welt ihren Weg ermessen und die Christenheit ihre Treue gegenüber Gottes Wort." (Welt ohne Christentum – was wäre anders?, Freiburg/Br. 1999, 166) Daher gilt es, eine einfache Unterscheidung vorzunehmen, nämlich die zwischen technischem und moralischem Fortschritt. Das technische Modell liegt der Frage der Akademie von Dijon im Jahre 1749 zu Grunde: Die Menschheit wird als biologische Spezies verstanden, die sich dank wachsender Vernunft und biologisch-medizinischer

Raffinesse fortschreitend weiterentwickelt. Dies kann technisch durchaus einsichtig gemacht werden: Gibt es etwa keinen Fortschritt vom Faustkeil zur Teflonpfanne oder vom Ochsenkarren zum Jumbojet?

Dennoch ist damit eigentlich noch nicht die Sinnspitze des Gedankens erreicht, muß es doch letztlich um einen moralischen Fortschritt auf dem Hintergrund der unterschwellig bedrängenden Erfahrung des Bösen gehen: Könnte es sein, dass sich die Menschheit fortschreitend zum Wahren, Guten, Schönen hin entwickelt? Demgegenüber mahnt allerdings schon der hl. Augustinus in einer seiner Predigten: Fortschritt gibt es nicht in den Jahren, sondern nur in den Seelen! Gemeint ist offenkundig: Der einzelne Mensch und jede Person ist nicht einfach ein Rädchen in der großen Maschine Menschheit, die stetig verbessert und weiterentwickelt werden muß, koste es, was es wolle, und sei es auch auf Kosten einzelner Menschen. Die in der westlichen Postmoderne stattfindende Debatte um Biopolitik und Gentechnik zeigt ja die untergründige Gefahr dieses Denkens: Um der Verbesserung des menschlichen Genpools willen werden Embryonen scheinbar harmlos verbraucht oder Klonierungen befürwortet, und so letztlich auf Kosten konkreter Menschen ein (zuweilen durchaus zweifelhafter) Fortschritt in Technik und Medizin erkauft. Hier begegnet ein erster christlicher Einspruch, und dies ist der Sinn des zitierten Satzes von Augustinus: Da jeder Mensch eine von Gott geschaffene unsterbliche Seele besitzt, kommt auch jedem Menschen die gleiche und gleichermaßen unantastbare Würde zu. Dann aber bleibt nur die Behauptung: Es gibt überhaupt nur einen Fortschritt des Menschen als Person, und erst daraus und als dessen Folge einen möglichen Fortschritt der Gemeinschaft von Menschen, einer Gesellschaft und eines Staates. Dann hieße die Ausgangsfrage so: Hat der christliche Glaube an Gott geholfen, dass der einzelne Mensch einen Fortschritt machen konnte, und zwar nicht einfach in äußerlicher moralischer Verbesserung (im Sinne einer fortschreitenden Gewöhnung an das Gute), sondern in der Erkenntnis und der Umsetzung der je eigenen Kräfte und Fähigkeiten zum Guten? Denn mit jedem Menschen beginnt ja gewissermaßen die Erfindung des moralischen Rades neu und die Lebensgeschichte eines jeden Menschen ist unvergleichbar und unverwechselbar. Das wehrt jeder oberflächlichen Bilanz und jeder rein äußerlichen Bewertung der Würde eines Menschen. Wenn es denn stimmt, was der hl. Anselm von Canterbury (1033-1109) in seinem großen Buch „Proslogion" schreibt, dass Gott der ist, über den hinaus nichts größeres und besseres gedacht werden kann, hat dann das Christentum und sein Glaube an Gott den Menschen – jeden Menschen zu jeder Zeit – vor seine Größe wie vor sein Elend gestellt und ihm so den Weg zu seiner Lebenswahrheit gewiesen? Und ihn zugleich gelehrt und getröstet, im Angesicht Gottes mit dieser Wahrheit leben zu können und an ihr zu wachsen?

Gott oder das Rührei

Wäre das Christentum ein Unternehmen wie viele andere auch, dann müsste und könnte es sich einer nüchternen Bilanzierung und einem ethischen Rating unterziehen. Dazu freilich müsste zunächst das Unternehmensziel deutlich vor Augen stehen. Nehmen wir einmal an, das Christentum sei ein Unternehmen, so würde vermutlich jeder als dessen Unternehmensziel angeben: der Glaube an Gott. Dies scheint indes noch zu kurz gesprungen zu sein, denn das Neue Testament will es doch etwas genauer wissen, wenn es im 1. Petrus-Brief heißt: „Ihn (Jesus Christus) liebt ihr, ohne ihn gesehen zu haben; an ihn glaubt ihr, ohne ihn jetzt zu schauen, und ihr jubelt in unsagbarer und verklärter Freude, wenn ihr das Ziel eures Glaubens erreicht: das Heil der Seelen." (1 Petr 1,8–9) Also geht es um den Glauben an Gott und seine Liebe zum Menschen, und genau in jenem Glauben liegt das Heil der menschlichen Seele. An dieser Stelle ist es vielleicht wichtig, ein Wort zum christlichen Verständnis von Seele zu sagen. In jenem Begriff bündelt sich ungefähr das, was wir in heutiger Sprache mit Selbstverständnis und Selbstbewusstsein bezeichnen würden, als mögliches Bewusstsein von Idealen und Zielen. Dies wird etwa deutlich, wenn der hl. Thomas von Aquin die Seele als „reditio completa ad se ipsum" definiert, also als vollkommenen Rückgang auf sich selbst, wiederum in moderner Sprache: als geistige Möglichkeit des Menschen zur Zwiesprache mit sich selbst – und mit Gott. In dieser

Sicht ist die Seele, wie wiederum der hl. Thomas unterstreicht, „in gewisser Weise alles", da alles Fühlen und Denken und Handeln, alle Beziehung zum Mitmenschen und zur Welt den Ausgang nimmt im Inneren des Menschen, in seinem innersten Verhältnis zu sich selbst. Ist das Verhältnis zu sich selbst richtig und gut, gelingt also eine Annahme seiner selbst und eine reife und gelungene Selbstliebe, dann wird auch das äußere Reden und Handeln richtig und gut sein können. Ist der Mensch innerlich auf Gott ausgerichtet, so wird auch sein Verhältnis zur Welt und zum Mitmenschen richtig und gut sein können.

Was heißt das aber, auf Gott ausgerichtet zu sein? Es heißt nichts anderes als zu glauben, ich selbst und jeder Mensch sei geliebtes Ebenbild Gottes und daher von unschätzbarem Wert, besser: von unzerstörbarer Würde, selbst und gerade über den Tod als Zerstörung der physischen Existenz hinaus. So gesehen töten die Leugnung Gottes und der Unglaube nicht Gott, sondern den Menschen, indem sie das Heil der Seele zerstören und das Bild vom Menschen verdunkeln. Der christliche Glaube an Gott will für jeden Menschen die bestmögliche Möglichkeit ansichtig machen - oder, etwas weniger abstrakt und etwas drastischer in den Worten des englischen Schriftstellers Gilbert Keith Chesterton (1874-1936): „Man mag die Ansicht vertreten, es stehe dem Menschen frei, sich für ein Rührei zu halten. Aber mit Sicherheit wiegt die Tatsache schwerer, dass er als Rührei nicht die Freiheit hat, zu essen, zu trinken, zu schlafen, spazieren zu gehen und eine Zigarette zu rauchen." (Orthodoxie, Frankfurt/M. 2000, 58) Dies ist in der Tat der Kern des christlichen Glaubens: glauben und fassen zu dürfen, man sei mehr als ein Zufallsprodukt der Evolution oder ein wohlerzogenes Kaninchen – oder eben ein Rührei.

Urbild und Abbild

Ist nun die Seele eines jeden Menschen durch das Christentum mehr zu sich selbst und zur eigenen Wahrheit gekommen? Hat der Mensch durch das Christentum mehr Möglichkeiten, zu sich selbst und zum Mitmenschen in Liebe und Aufmerksamkeit zu gelangen? Wir wissen es nicht und können es nur hoffen. Oder vermuten: Trotz aller Irrtümer und Verfehlungen speichert allein das Christentum Bilder und Wege, die einen Menschen in Wahrheit vor sich selbst führen. Vor sich als Ebenbild Gottes. Denn wohl kaum ein Begriff des christlichen Glaubens ist so zentral und prägend wie der Begriff der Gottebenbildlichkeit. Im biblischen Schöpfungsbericht heißt es von Adam und Eva, also von den menschlichen Urbildern, sie seien nach Gottes Ebenbild geschaffen. Damit ist zunächst in Anlehnung an alte ägyptische Traditionen gemeint: Der Mensch ist der Verfügung des Mitmenschen, der Versklavung und Unterjochung entzogen, weil er Ebenbild des unsichtbaren Gottes ist, so wie der ägyptische Beamte geschützt war vor jedem Volkszorn, weil er Ebenbild des nicht anwesenden Pharao war. Von hier aus geht der Gedanke bis hin zur Menschwerdung Gottes in Jesus Christus, als wahrer Gott und wahrer Mensch: In jedem Menschen soll Gott offenbar werden und sein Bild aufleuchten. Und zwar dann und immer da, wo ein Mensch liebend in der Nachfolge Jesu lebt und handelt. Ein solcher Weg der Nachfolge aber wird auf Dauer steinig und schmal und nimmt die Form des Kreuzweges an – bis hin zum Kreuz. Daher ist das Zeichen des Christentums nicht die Sonne, nicht der Mond, nicht ein Buch oder ein mathematisches Symbol, sondern das Kreuz. Liebe bis hin zur vollkommenen Selbsthingabe statt Überlebenskampf: Dafür genau steht das Kreuz Christi. Und genau das bekennt der Christ: „Wir beten dich an, Herr Jesus Christus, und preisen dich, denn durch dein heiliges Kreuz hast du die Welt erlöst!" Es ist im wahrsten Sinn des Wortes eine Umwertung aller Werte, die sich in der Offenbarung Gottes in Jesus Christus vollzieht und im Kreuzestod sich vollendet. Und wenn Pilatus im Johannesevangelium kurz vor der Verurteilung Jesu noch einmal auf diesen deutet und vor allem Volk erklärt: „Ecce homo – Seht diesen Menschen!", dann ist damit auch gemeint: Seht der Mensch schlechthin, der den Gott gemeint hat. Der deutsche Theologe Erik Peterson (1890–1960) drückt es so aus: „Aber in dem Opfer des Menschensohnes vollzieht sich nun ein Austausch der Begriffe vom Menschen. Es stirbt der alte Mensch mit seinen Fanghänden, und es ersteht der neue Mensch, der sich opfert. Wer also eine klare Antwort auf die Frage haben will ,Was ist der Mensch?', dem ist sie in dem ‚Ecce homo' des mit Dornen gekrönten Menschensohnes gegeben." (Theologische Traktate, Würzburg 1994, 138) Daraus erwachsen jetzt eine Fülle von moralischen Folgerungen; man könnte fast sagen: Christologie wird unmerklich zur Ethik. Gemeint ist schlicht dies: In Jesus Christus wird der Mensch, wie Gott ihn gemeint und gedacht hat, dem Menschen offenbar. Sehr schön heißt es in der Erzählung „Das Schweißtuch der Veronika" von Selma Lagerlöf aus dem Mund des von Lepra zerfressenen Kaisers Tiberius, dem seine alte Amme Faustina, die spätere Veronika, das Schweißtuch vor Augen hält: „Du bist der Mensch. Du bist, was ich nie zu sehen gehofft habe. Ich und alle anderen, wir sind wilde Tiere und Ungeheuer, aber du bist der Mensch!" (Christuslegenden, München 1948, 163) Jeder Mensch ist Ebenbild Gottes, und für jeden Menschen ist Gott Mensch geworden und am Kreuz gestorben – also zählt vor Gott jeder Mensch in gleicher Weise und alle sozialen Unterschiede sind prinzipiell aufgehoben. Dies hat dann unmittelbar Folgen beispielsweise für die Sozialethik und die Wirtschaftsethik: Jede Form von Privateigentum darf den anderen Menschen nicht seiner grundlegendsten Möglichkeiten und seiner Chancengleichheit berauben und ist sozialpflichtig, also grundsätzlich erlaubt nur zur verantworteten Ausbildung der Persönlichkeit und zur sorgsamen Verwaltung der Güter, die grundsätzlich allen gehören. Und weiter: Nächstenliebe wird ausgeweitet zur Feindesliebe, denn vor Gott gibt es keine Feinde, und damit ist jeder Krieg grundsätzlich (außerhalb der eng begrenzten Selbstverteidigung und der Verteidigung von Schwächeren und Schutzbefohlenen) unerlaubt und unmoralisch.

Glaube, Hoffnung, Liebe

Das Kreuz stellt jeden Menschen vor die letzte Frage nach dem Sinn von Leid und Tod: Nur mit Blick auf die Auferstehung, also auf die Ewigkeit der Liebe Gottes, ist es sinnvoll und möglich, in Leid und Tod zu lieben, statt zu hassen. Für dieses christliche Menschenbild fand die christliche Tradition drei Grundpfeiler (oder grundlegende Tugenden), nämlich: Glaube, Hoffnung und Liebe. Josef Pieper (1904–1996) fasst dies knapp zusammen: „Erstens: der Christ ist ein Mensch, der – im Glauben – der Wirklichkeit des dreieinen Gottes inne wird. Zweitens: der Christ spannt sich – in der Hoffnung – auf die endgültige Erfüllung seines Wesens im ewigen Leben aus. Drittens: der Christ richtet sich – in der göttlichen Tugend der Liebe – mit einer alle natürliche Liebeskraft übersteigenden Bejahung auf Gott und den Mitmenschen." (Über das christliche Menschenbild, Leipzig 1936, 14) Was also ist der Mensch? Die Antwort muß radikal sein, buchstäblich an die Wurzel des Menschen gehen. Die radikalste und vollkommenste Antwort auf diese Frage ist die Auskunft, der Mensch sei Abbild Gottes, jenes Gottes, über den hinaus Besseres und Vollkommeneres nicht gedacht werden kann, und der sich in Jesus Christus geoffenbart hat. Und auf diesen Gott soll jeder Mensch in Glaube, Hoffnung und Liebe zugehen und auf ihn hin leben und handeln. Besseres und Vollkommeneres kann man vom Menschen nicht sagen – das ist die gläubige Überzeugung des Christentums. Denn wenn Gott nicht existiert, dann „bleibt als einziger und letzter Garant des Geistes und des geistigen Lebens nur noch der Mensch übrig: und das ist natürlich notwendig ein Zustand der Angst." (Theodor Haecker, Was ist der Mensch?, München 1949, 123) Angst aber ist allemal ein schlechter Ratgeber, zumal in Hinsicht auf den Menschen und sein Leben.

Zeit als Geschichte

Als Gott Mensch wurde, verwandelte er Zeit in Geschichte. Mehr noch: jede menschliche Lebenszeit lässt sich nun als Geschichte deuten und erzählen. Die Spanne zwischen Geburt und Auferstehung Christi wurde zur Wende-Zeit: Heute wird, trotz größtmöglicher Säkularisierung, fast selbstverständlich die Zeit eingeteilt in die Spanne vor und nach Christi Geburt. Das Christentum prägte die neue Zeitrechnung: Seit 525 nach Christus setzt sich allmählich die Zählung „nach Christi Geburt" durch, erst Voltaire im 18. Jahrhundert verwendet dann konsequent auch die Zählung „vor Christi Geburt". Das hat seinen guten Sinn: Die Geburt Christi ist die Inkarnation, die Ein-Fleischung Gottes in die Welt und in menschliche Gestalt, die Verbindung von Gott und Mensch. Damit wird die Zeit des Menschen in die Ewigkeit Gottes aufgenommen und erhält ihren letzten Sinn: als Vorlauf und Anbruch der Ewigkeit. Jede Stunde und jeder Tag zählt und hat ein eigenes Schwergewicht. Damit sind, anders als in fernöstlichen Religionen, äußerliche Wiederkehr und Wiedergeburt ausgeschlossen, innere Wiedergeburt aber gerade verlangt und gefordert. Der Mensch nämlich ist schon in der Zeit Bürger der Ewigkeit – davon zeugt die christliche Feier des Sonntags als Herrentag, der weit mehr ist als nur eine feiertägliche Unterbrechung der Arbeit, sondern Erinnerung an die Vorläufigkeit dieser Zeit. Und die christliche Liturgie wird gleichsam zum Blick und Fenster in die Ewigkeit, denn sie ist Vergegenwärtigung des Kreuzesopfers von Golgotha und damit ständige feiernde Erinnerung an den Beginn des neuen Lebens für jeden Menschen. Man kann es auch noch einmal anders sagen: Der Mensch als Ebenbild des menschgewordenen Gottes lebt in der Welt als Gottes Schöpfung, um sich und die Welt auszubilden für die Ewigkeit. So wird die persönliche Lebenszeit eines Menschen zur Geschichte, indem ein Mensch sich versteht als Sachwalter Gottes in seiner ihm zugemessenen Lebenszeit und diese verantwortlich gestaltet. Denn Geschichte ist die von mir (und von niemand sonst) gedeutete und ausgestaltete Zeit meines Lebens. Sehr schön bündelt sich dies in einer Predigt des hl. Augustinus, wo es heißt: „Schlechte Zeiten, mühselige Zeiten, so sagen die Menschen. Laßt uns gut leben, und die Zeiten sind gut! Wir sind die Zeiten: Wie wir sind, so sind die Zeiten." (Sermo 80,8)

Beruf und Berufung

Solche Gestaltung und Ausgestaltung der Zeit hat mit Arbeit und Mühe zu tun: Erst im Christentum und durch den Glauben an Gottes Berufung zur Arbeit gewinnt die menschliche Arbeit einen eigenen, wenn auch durch die Erbsünde verschatteten Wert. Das Paradies ist ja keineswegs als religiös verbrämtes Schlaraffenland vorzustellen, wie der hl. Augustinus einmal deutlich in seiner Auslegung des Buches Genesis unterstreicht: Arbeit ist nicht Folge des Sündenfalls, dieser führt zur Verschärfung der Arbeit als Mühe „im Schweiß des Angesichts", denn eigentlich setzt der Mensch in seiner Arbeit Gottes Schöpfungswerk fort und seine Arbeit fördert zugleich die Aufheiterung der Seele (De genesi ad litteram VIII 8). Dies ist durchaus neu, denn die antike Sicht der Arbeit war überwiegend negativ. Die Griechen verachteten den Banausen, der zur Arbeit gezwungen war, und priesen die arbeitsfreie Muße des freien Mannes (weniger allerdings der Frau...). Durch die Benediktsregel gelangt der urchristliche Zusammenklang des „ora et labora", von Arbeit und Gebet in die abendländische Kultur. Dahinter steht die Überzeugung: Müßiggang an Leib und Seele führt zu selbstbezogener und, modern gesprochen, narzisstischer Verstrickung. Dem wehren gleichermaßen Gebet und Arbeit. Das Ziel ist immer ein doppeltes: Bildung und Ausbildung der eigenen Persönlichkeit und Dienst am Mitmenschen. Unmerklich gewinnt die Arbeit damit zugleich den Sinn von

Berufung, dies wird im neutestamentlichen Gleichnis von den Talenten eindrucksvoll entfaltet: „Da kam der, der die fünf Talente erhalten hatte, brachte fünf weitere und sagte: Herr, fünf Talente hast du mir gegeben; sieh her, ich habe noch fünf dazugewonnen. Sein Herr sagte zu ihm: Sehr gut, du bist ein tüchtiger und treuer Diener. Du bist im Kleinen ein treuer Verwalter gewesen, ich will dir eine große Aufgabe übertragen. Komm, nimm teil an der Freude deines Herrn." (Mt 25,20-21) In dieser Sicht hat jetzt jeder Mensch die Aufgabe, sich und seine Talente zum Wohl von Welt und Mitmensch zur Entfaltung zu bringen. Doch wird erst durch die Reformation und infolge ihrer Ablehnung der klösterlichen Arbeit aus der Berufung der alltägliche Beruf: Jetzt ist es jede weltliche Tätigkeit, die eine von Gott gegebene Berufung darstellt. Ausdrücklich unterstreicht die neuere katholische Soziallehre, und mit ihr Papst Johannes Paul II., die Arbeit „sei ein Gut für den Menschen – und zwar ein Gut für sein Menschsein." (Enzyklika „Laborem exercens" Nr. 12) Arbeit ist für den Menschen nicht irgendeine Form entfremdeter Beschäftigung, sondern immer auch und grundlegend ein Stück gerechter Selbstverwirklichung im Dienst der eigenen und der anderen Personen, als Teil der Lebensberufung durch Gott.

Kirche und Staat

Noch einmal zurück zur Ausgangsfrage: Warum ist es besser, von der Existenz Gottes auszugehen? Das Mosaik der Antwort bliebe unvollständig, wenn nicht das typisch christliche Verständnis von Staat und Kirche in den Blick käme. Spätestens seit den Überlegungen des hl. Augustinus in seinem großen und schon erwähnten Werk „De civitate Dei" (Vom Gottesstaat) ist deutlich: Der Staat und jede staatliche Gemeinschaft hat vorletzte Qualität. Gerade deswegen pocht etwa die christliche Soziallehre nachdrücklich auf dem Grundsatz der Subsidiarität, demzufolge der Staat Hilfen für die eigenverantwortliche Tätigkeit der Individuen und der kleinen Gemeinschaften zu geben hat, statt diese Tätigkeiten zu behindern, aufzusaugen oder gar, wie im totalitären Regime, zu verbieten. Der Staat hat nur zu tun und zu organisieren, was der Einzelne nicht tun kann, und er hat Hilfe zur Selbsthilfe zu leisten. In christlicher Sicht, die wesentlich durch den hl. Augustinus geprägt wurde, entsteht die Notwendigkeit des Staates mit dem Sündenfall, der Vertreibung aus dem Paradies und dem Brudermord Kains an Abel. Jetzt nämlich dient der Staat und seine gesetzesbewehrte Gerechtigkeit dem gewaltfreien Ausgleich der widerstrebenden und einander widerstreitenden Interessen der höchst unterschiedlichen Individuen, die im Paradies (und nach Gottes ursprünglichem Willen, der noch in Ehe und Familie weiterlebt) durch das Band der Liebe vereint waren, das jede Gesetzesgerechtigkeit überflüssig macht. Die Zeit des Staates ist die irdische Zeit. So wie es im Paradies, am Anfang der Zeit und der Menschheit, keinen Staat brauchte, da Freiheit und Liebe nicht in Konkurrenz miteinander standen, so wird es auch am Ende der Zeit, in der Ewigkeit Gottes, keinen Staat mehr geben, da der Mensch in Freiheit und Liebe Gottes Gemeinschaft genießen wird. Nur ein frommer Wunsch, eine billige Vertröstung, eine wohlfeile Utopie? Nein, eine Hoffnung auf Vollendung verheißungsvoller Ansätze hier und jetzt. Staat und Politik sind menschliche Schöpfungen, die ohne den Ausblick auf eine menschlich letztlich nicht machbare Vollendung verkommen würden zur puren Technokratie. Es braucht solche überzeitlichen Wertgrundlagen des Staates, näherhin des sozialen Rechtsstaates, der sich als Demokratie und Marktwirtschaft entfaltet. Und solche Werte sind grundsätzlich jeder politischen und ökonomischen Verfügung – selbst durch eventuelle Mehrheitsentscheidungen der Demokratie! – entzogen, im wahrsten Sinne des Wortes und in der Sprache der Verfassungsjuristen, mit Ewigkeitsgarantie versehen. Die modernen Menschenrechte und das Völkerrecht verdanken sich wesentlich dieser christlichen Sicht des Menschen als Ebenbild Gottes mit unantastbarer Würde. Die Kirche als Abbild der himmlischen Gemeinschaft mit Gott hält so gegenüber dem Staat die Erinnerung an überzeitliche Grundwerte wach und fordert sie um der Menschen willen ein. Und sie erinnert zugleich an die Gefährdung moderner Demokratien, die auf dem Mehrheitsprinzip beruhen und doch moralische Grundwerte in Geltung halten, die möglicherweise von keiner Mehrheitsüberzeugung getragen werden – man denke nur an die Probleme von Abtreibung und Euthanasie. Die Würde jedes einzelnen Menschen ist unantastbar und gilt absolut und mit Verweis auf den absoluten Gott, dessen Abbild der Mensch ist. Und diese Würde unterliegt keiner demokratischen Mehrheitsabstimmung, sondern gehört zu den berühmten Voraussetzungen, die ein Staat nicht herstellen kann, sondern auf die er sich bezieht und die zu schützen seine vornehmste Aufgabe ist.

Was war noch die Frage?

Der Mensch muß lernen, die richtigen und die wesentlichen Fragen zu stellen. Ohne den Glauben an Gott kommen solche Fragen kaum in den Blick und bleiben mögliche Antworten rätselhaft und verschleiert. Darin liegt die eigentliche Herausforderung für den christlichen Glauben: Nicht einfach die ewig gleichen Antworten herunterzubeten, sondern zunächst Gespür für die wesentlichen Fragen zu entwickeln und auf diese Fragen aufmerksam zu machen. Es nutzt nichts, im Bild gesprochen, einfach nur mit einem Plakat in der Hand umherzulaufen, auf dem zu lesen ist: „Christus ist die Antwort!", wenn sich alle Zuschauer amüsiert oder auch verzweifelt fragen: „Was war noch die Frage?" Der Mensch muß sich und sein Leben nach den letzten Grundlagen befragen, und er muß und soll auf diese Fragen gestoßen werden. Und vor allem ist stets neu zu fragen: Was ist eigentlich das Neue und Aufregende am Christentum? Die Antwort lautet etwa so: Es ist für den Menschen besser, von der Existenz Gottes auszugehen. Mehr noch: Der Mensch wird besser, wenn er so lebt, als gäbe es Gott. Noch mehr: Die Wahrheit über Größe und Elend des Menschen hat einen Namen: Jesus Christus. Das wäre dann die Bilanz des Christentums, dass es den Menschen versteht, weil es ihn von Gott her versteht. Oder, in den Worten des französischen Philosophen Blaise Pascal (1623–1662): „Wenn man die ganze Natur des Menschen verstanden hat und dann bewirken will, dass unsere Religion wahr sei, muß man zeigen können, dass sie unsere Natur erkannt hat. Sie muß unsere Größe und Niedrigkeit erkannt haben und den Grund für diese wie für jene. Wer hat sie erkannt außer dem Christentum?" (Pensées, Fragment 235)

Ich glaube an Gott —
moralische Konsequenzen

Das Christentum erkennt den Menschen von Gott her und durch Gottes Selbstoffenbarung in Jesus Christus. Dies bündelt sich im Glaubensbekenntnis: Indem der Glaube an Gott in verschiedenen „Artikeln" ausgefaltet wird, entfaltet sich zugleich ein bestimmtes, eben das christliche Verständnis von Welt und Mensch. Und es wird zu fragen sein nach den moralischen Konsequenzen dieser verschiedenen Glaubensartikel: Denn wenn an Gott geglaubt wird, wird der Mensch besser verstanden und er kann selbst im eigenen Leben besser denken und handeln.

Ich glaube an Gott

In Rom erhebt sich im Süden der Stadt, direkt am Tiber, die mächtige Basilika St. Paul vor den Mauern über dem Grab des Völkerapostels Paulus. Zu Beginn des Jahres 2009 ging von dort eine aufsehenerregende Nachricht um die Welt: Man habe bei Ausgrabungen unter dem Hochaltar der Basilika einen antiken Sarkophag gefunden, der nach ältester Überlieferung die Gebeine des Apostels Paulus enthalten soll. Seitdem wogt der Streit um die Frage: Soll man den Sarg öffnen und die Gebeine auf ihre historische Echtheit untersuchen lassen oder lieber alles im Dunkel unbewiesenen Glaubens belassen? Ähnlich kennen wir die Diskussion um andere Reliquien oder auch, besonders bekannt und prominent, um das berühmte Grabtuch von Turin: Echt oder unecht? Aber sofort erhebt sich doch die Frage: Was eigentlich ist das Kriterium für Echtheit? Nur naturwissenschaftliche Beweise? Was ist eigentlich echt in unserem Leben und in unserer Lebensgeschichte? Was ist echt in der Geschichte der Menschheit? Der Historiker wird um eine Antwort nicht verlegen sein: Echt ist für ihn als historisch-kritisch vorgehenden Wissenschaftler, was der Nachprüfung und, wenn nötig, dem Experiment standhält. Wovon man sich folgerichtig mit Augen, Ohren und gesundem Menschenverstand überzeugen kann. Aber bei Licht betrachtet: Handelt es sich hier nicht um einen reduzierten Begriff vom sogenannten gesunden Menschenverstand? Sind wir nicht in unserem Leben – jeder von uns in sehr unterschiedlichen Lebensgeschichten – von viel mehr Dingen überzeugt, als nur von dem, was sich naturwissenschaftlich überprüfen lässt? Sind wir nicht, um endlich mit der Tür ins Haus zu fallen und mit dem Wichtigsten zu beginnen, von der Liebe und von der Freundschaft von Menschen innerlich überzeugt, ohne dass wir aber diese Zuneigung im Experiment auch nur überprüfen dürften, geschweige denn diese Liebe auf die Probe stellen oder durch Nachweisbarkeit erweisen könnten? Und noch schärfer formuliert: Leben wir nicht in gewisser Weise sehr viel mehr von solchen geglaubten Beziehungen, die wir nicht überprüfen dürfen, die wir, bei naturwissenschaftlichem Licht gesehen, eigentlich nur vermuten, glauben, annehmen und ersehnen? Und doch beschleicht uns oftmals (und keineswegs nur an dunklen Novembernachmittagen) die bange und etwas klamme Frage, ob nicht doch vielleicht bei all dieser Sehnsucht der Wunsch der geheime Vater des Gedankens sei, wenn wir der Liebe und Freundschaft eines Menschen glauben und vertrauen wollen. Und gilt dies nicht erst recht angesichts des ersten Satzes im Glaubensbekenntnis: „Ich glaube an Gott!" Wird hier nicht messerscharf und kurzschlüssig vom Wunsch auf die Wirklichkeit geschlossen?

Was wäre, wenn Gott ist?

Was wäre, wenn? Wenn es Gott gäbe? Was würde sich ändern? Diese Frage steht am Ursprung des Glaubens und jeden Bekenntnisses zu Gott, und diese Frage geht zugleich über jede Technik und jede Naturwissenschaft weit hinaus. Was nämlich, um auf den Apostel Paulus zurückzukommen, wäre, wenn dieser (und viele andere Heilige) wirklich gelebt hätten und für ihren Glauben gestorben wären? Was wäre, um die Frage weiterzuspinnen, wenn uns Menschen wirklich lieben und keinesfalls nur einfach gut gebrauchen könnten?

Was wäre, wenn es Gott wirklich gäbe? Eine verstörende und verwirrende Frage, mit der aller Glaube und jedes Bekenntnis und alles Nachdenken des Christen über Gottes Gegenwart im eigenen Leben anfängt. Und diese Frage fängt an im Gegenüber zu Menschen, die so gelebt haben, als gäbe es Gott wirklich, und die ihr Leben demgemäß änderten und verwandelten, heilige Menschen! Was wäre, wenn wir selbst damit Ernst machen wollten und so leben würden? Ich vermute, es würde sich vieles verändern – wenn es Gott wirklich gäbe! Der kleine Satz „Ich glaube an Gott" hat große Konsequenzen, wenn er nur wirklich ernst gemeint ist und sich im konkreten Leben umsetzt. Er lässt uns nicht kalt, er heizt unser Nachdenken an: Was ändert sich dadurch, dass ich an Gott glaube?

Ein reines Herz

Vom Apostel Paulus lesen wir im 13. Kapitel seines 1. Korinther-Briefes einen wunderbaren und doch oft missverstandenen Satz, der die Verbindung von Gott und einem moralischen Leben eindrucksvoll unterstreicht: „Wenn ich mit Menschen-, ja mit Engelszungen redete, hätte aber die Liebe nicht, so wäre ich tönendes Erz oder eine gellende Schelle. Und wenn ich die Prophetengabe hätte und alle Geheimnisse wüsste und alle Erkenntnis und wenn ich allen Glauben hätte, so dass ich Berge versetzen könnte, hätte aber die Liebe nicht, so wäre ich nichts. Und wenn ich alle meine Habe verschenkte und wenn ich meinen Leib zum Verbrennen hingäbe, hätte aber die Liebe nicht, so nützte es mir nichts." (1 Kor 13,1-2) Deutlicher kann man es nicht sagen: Inwendig und im Inneren des Menschen sitzt der Ursprung von Gut und Böse, dort beginnt die Liebe, nicht äußerlich im Handeln. Glaube allein nutzt nichts - wenn er nicht aus der Liebe kommt. So hart und schroff kann man es formulieren, gemeint ist es aber ganz zart und freundlich. Gedacht ist nicht an eine Diffamierung von guten Taten, gedacht ist vielmehr an die zugrunde liegende gute Gesinnung. Gut und rein sollen unsere Taten sein, und sie sind es erst, wenn mehr als Technik im Spiel ist. Leistungen allein können auch Computer und Roboter erbringen, und dies vermutlich effektiver und störungsfreier als Menschen. Nein, Paulus meint: Wer an Gott und seine unbedingte Liebe glaubt, dessen Gesinnung und innere Haltung verändern sich, und dies noch vor jedem konkreten Verhalten. Es kommt nämlich auf das innere Feuer und die innere Motivation an. Die gute Tat nimmt nicht nur ein richtiges und korrektes Ziel in den Blick, sie lebt vor allem von der inneren Anteilnahme des handelnden Menschen, von den Augen und Ohren des Herzens. Seelen sollen wir berühren, nicht Türme bauen! Das Leben von Heiligen nachempfinden und nachahmen, nicht Knochen und Steine sammeln! Und das wäre die erste moralische Folge des kleinen unscheinbaren Satzes „Ich glaube an Gott": zu achten auf eine wirklich gute und lautere Gesinnung und zu beten um ein reines Herz. Mit Reinheit ist hier aber mehr gemeint als bloß viktorianische Prüderie. Reinheit meint: Ungetrübte Freude an Gott. Denn das heißt ja „Gott lieben", ja das heißt „lieben" überhaupt: sich freuen am Dasein des Anderen. Freude an Gott – wäre das eine Sehnsucht unseres Lebens? Ein Gedanke, der Erfüllung und Genügen schenkt? Wiederum mag der schon erwähnte kleine Test helfen: Woran denken wir, wenn wir allein sind oder uns unbeobachtet fühlen, woran haben wir Freude? An uns und unseren nächstliegenden Befriedigungen? Oder an mehr? Und an dieser Stelle scheint mir wichtig, wie wünschenswert wenigstens der Wunsch nach Gott wäre. Oder einfacher ausgedrückt: Könnten wir uns vorstellen, darum zu bitten und zu beten, Gott könne der Herzenswunsch des eigenen Lebens sein? Das womöglich würde Gott genügen, und den Rest macht er.

Den Vater, den Allmächtigen

Fast zögert man etwas bei diesem zweiten Satz des Credo, und dies aus zwei einsichtigen Gründen: Kann Gott wirklich und ohne Umschweife Vater genannt werden, ist das nicht zu menschlich und zu konkret gedacht? Und, noch drängender: Ist Gott wirklich allmächtig, und wenn ja, warum merken wir so wenig davon? Beide Fragen zeigen: Von Gott zu reden und über ihn nachzudenken, ist schwierig und mühsam, denn die menschliche Sprache ist begrenzt. Im Reden und Denken von Gott können wir uns ihm immer nur mühsam annähern und jede Redeweise von Gott bleibt analog: Die Unähnlichkeit unserer menschlichen Rede von Gott ist immer größer als die Ähnlichkeit mit seiner Wirklichkeit. In vielen Religionen und auch in der israelitischen Überlieferung wird Gott als Vater angerufen, und das heißt: Er gilt als Ursprung von allem, und er ist vom Wesen her liebend um seine Kinder, die Menschen, besorgt. Beides, Ursprung und liebende Sorge, lässt sich freilich genauso auch durch das Bild der Mutterschaft zum Ausdruck bringen. Gott ist wie Vater und Mutter, und das meint auch: Gott ist weder Mann noch Frau; er ist Gott. Aber zugleich hat sich Gott geoffenbart in der Geschichte, als Mann, als Jesus von Nazareth, der seinen Vater nach dem Zeugnis der Evangelien Vater nennt und diesen als Vater jedes Menschen offenbart. In den sogenannten Abschiedsreden im Johannes-Evangelium lesen wir als Worte Jesu: „Die Worte, die ich zu euch sage, habe ich nicht aus mir selbst. Der Vater, der in mir bleibt, vollbringt seine Werke. Glaubt mir doch, dass ich im Vater bin und dass der Vater in mir ist; wenn nicht, glaubt wenigstens aufgrund der Werke! Amen, amen, ich sage euch: Wer an mich glaubt, wird die Werke, die ich vollbringe, auch vollbringen, und er wird noch größere vollbringen, denn ich gehe zum Vater. Alles, um was ihr in meinem Namen bittet, werde ich tun, damit der Vater im Sohn verherrlicht wird." (Joh 14,10–13)

Freiheit und Macht

Dieser Gott, der Vater Jesu Christi und jedes Menschen, wird als der Allmächtige geglaubt. Auch hier ist wieder, wie schon bei der Vaterschaft, wichtig, was gemeint ist mit dieser Allmacht. Der schon erwähnte Philosoph Sören Kierkegaard gibt uns in seinen Tagebüchern einen guten Hinweis, er notiert nämlich: „Das Höchste, das überhaupt für ein Wesen getan werden kann, höher als alles, wozu einer es machen kann, ist, es frei zu machen. Eben dazu gehört Allmacht." (Die Tagebücher 1834–1855, München 1953, 239) Das genau trifft auf Gott zu: Vom Wesen her ist er reine Güte. Und genau darin besteht seine Allmacht. Dieses scheinbare Paradox versteht man nur richtig, wenn man sich sowohl von einem irreführenden Begriff der grenzenlosen Wahlfreiheit wie auch von einem ebenso irreführenden Begriff der grenzenlosen Allmacht befreit. Im Alltag freilich denken wir so: Freiheit ist grenzenloses Auswählen und Allmacht ist grenzenlose Verfügung. Daß dies Unsinn ist, erkennen wir zumeist erst, wenn es zu spät ist, wenn etwa ein Mensch sich durch grenzenlosen Gebrauch von Drogen elend zugrunde gerichtet hat. Dann wird sichtbar, dass Freiheit und Macht Instrumente sind, die keineswegs ihr Ziel und ihren Zweck in sich tragen. Entscheidend ist vielmehr, woraufhin sie ausgerichtet und angewendet werden. Wiederum tritt das Verhältnis von Gutheit und Freiheit in den Blick, von dem schon die Rede war: Freiheit ist das notwendige Instrument, um Gutheit zu verwirklichen, denn Gutheit ist an freie Einsicht und an freudige Zustimmung gebunden; jeder Zwang im Raum des Menschen widerspricht der Gutheit. Ein Beispiel kann dies erhellen. Gesetzt den Fall, eine böse Fee stellte uns unverblümt vor die Wahl, entweder Gutheit oder Freiheit zu wünschen: Jeder Mensch, der nur einigermaßen bei Verstand wäre, würde die Freiheit wählen, denn Gutheit definiert sich gerade dadurch, dass es in Freiheit erkannte und ergriffene Gutheit ist. Aber sofort und auf dem Fuß folgt die Einschränkung: Umgekehrt wählt niemand die Freiheit und begnügt sich dann mit einer inhaltsleeren Freiheit, sondern jeder wählt die Freiheit, um etwas Gutes damit zu erreichen. Freiheit ist herrlich, aber nur wenn man weiß, wohin diese Freiheit sich erstrecken soll, was damit anzufangen ist, und auch, wo und weshalb darauf verzichtet werden kann. Hier liegt der letzte Grund für den Sinn der lebenslangen ehelichen Treue wie der lebenslangen ehelosen Bindung an die Kirche: Ein Mensch erkennt den größeren Wert und das letzte Ideal, die berühmte „Perle im Acker" und verzichtet auf vieles Angenehme, um seine Freiheit an den Gewinn dieses großen Gutes zu binden. Dann geschieht beim Menschen in willentlicher Anspannung das, was bei Gott von seinem Wesen her immer ist: Beschränkung der Freiheit auf das allein Gute und Beste.

Freiheit und Liebe

Von daher erklärt sich die grundlegende Definition Gottes als gut und allmächtig: Seine Allmacht besteht gerade darin, nur das Gute zu sein, zu denken, zu wollen und zu tun. „Non posse peccare", nicht sündigen können, sagen die Kirchenväter, sei das Wesen Gottes. Und die katholische Theologie entfaltet diesen Gedanken, wenn sie darlegt, das Böse sei eigentlich kein Zustand, sondern ein Mangel. Mangel an Liebe vor allem. Wenn Gott als Fülle des Seins bekannt und geglaubt wird, wenn Gott sich dem Mose im brennenden Dornbusch am Sinai als der „Ich bin da" (Ex 3, 14), also als vollkommene Gegenwart und vollkommenes Sein, als Dasein für den Menschen offenbart, dann wird deutlich: Gottes Freiheit ist identisch mit seiner Gutheit und mit seiner Liebe. Joseph Ratzinger drückt dieses Zueinander von Sein und Liebe in Gott im Anschluß an die Sinai-Offenbarung Gottes so aus: „Freilich wird dieses ‚Ist' Gottes, der über der Unbeständigkeit des Werdens als der Beständige bleibt, nicht beziehungslos ausgesagt. Vielmehr ist er zugleich der sich Gewährende; er ist für uns da und gibt von seinem Stehen her uns in unserer Unbeständigkeit Stand." (Einführung in das Christentum, München 1968, 83) Und das genau wird seine Allmacht genannt: Er ist frei, Welt und Mensch aus Güte zu erschaffen, und er tut es. Und er ist frei, Welt und Mensch vom Bösen zu erlösen – nicht mit Gewalt, sondern mit Liebe, in der Offenbarung in Jesus Christus. Das genau, und nicht mehr, ist mit

Gottes Allmacht gemeint. Und die berühmte Theologenfrage, ob Gott so mächtig sei, dass er einen Stein schaffen könnte, der zu schwer sei, als dass er ihn heben könnte, verstrickt sich in den Untiefen und Grenzen menschlicher Sprache. Gott ist weder *so* mächtig, diesen Stein zu schaffen, noch ist er *so* mächtig, neben der vollkommenen Gutheit auch vollkommene Bosheit denken und umsetzen zu können. Seine Macht erweist sich in der Liebe – und erweist sich zugleich darin als Ohnmacht, da er aus Liebe die Freiheit des Menschen achtet. Nochmals anders gewendet und jetzt ganz deutlich: Gott ist nicht so frei, in den Irrtum der Sünde und des Bösen zu fallen. Der Mensch aber ist von Gott so geschaffen, sich stets entscheiden zu müssen und zu können, seine Freiheit zum Guten zu wenden oder im Bösen zu missbrauchen. Und dennoch ist – nachhaltig und in letzter Sicht gesehen – die Freiheit weit größer, die einzig und nur das Gute vollbringen kann, nämlich Gottes Freiheit.

Und das Böse?

Mit Gottes Allmacht und Gutheit ist auch die Frage der so genannten Theodizee, der Rechtfertigung Gottes angesichts des Leides in der Welt verbunden. Der hl. Augustinus fragt öfters und immer wieder drängend: Woher denn das Böse? Und warum das Böse, wenn Gott, der Schöpfer, doch gut ist und bei der Erschaffung der Welt sah, dass die Schöpfung gut war? Und Böses meint ja an dieser Stelle besonders das Leid der vielen Unschuldigen und Gequälten, das unsinnige Leid. Viele Menschen, die durch solches Leiden von Unschuldigen an Gott irre geworden sind, sagen: Wenn Gott gut ist, dann ist er nicht allmächtig, denn es gibt das Leid; und wenn Gott allmächtig ist, dann ist er nicht gut, denn es gibt immer noch das Leid. Auf diese Frage gibt es keine letzte Antwort, nur den Versuch einer Antwort aus unserer begrenzten Sicht: Gott bindet sich und seine Macht in der Schöpfung an naturgesetzliche Kausalität und an die Freiheit des Menschen, unbeschadet seiner Möglichkeit, Wunder zu wirken. Er hätte dies nicht tun müssen, er hätte grundsätzlich Welt und Mensch anders schaffen können. Er hat Welt und Mensch aber so geschaffen, in der Begrenztheit von Erdbeben und Naturkatastrophen, und in der Begrenztheit menschlicher Erkenntnis und Willenskraft. Darüber hinaus können wir nichts mehr erklären, sondern nur, fast trotzig, behaupten: Gottes Macht ist seine Gutheit, auch wenn wir manchmal und allzu oft erschaudern angesichts der Bosheit in der Welt. Ohne diese Behauptung aber bliebe nicht ein Funken Hoffnung – und das ist der Funke, der den Glauben am Glimmen hält. Robert Spaemann unterstreicht daher: „Gott ist, das heißt: Die unbedingte Macht und das schlechthin Gute sind in ihrem Grund und Ursprung eins – ein Exzeß der Harmonisierung vom Standpunkt der alltäglichen Empirie, ein Exzeß der Hoffnung." (Das unsterbliche Gerücht, Stuttgart 2007, 18)

Den Schöpfer des Himmels und der Erde

Noch ein Satz wird im Glaubensbekenntnis über Gott
als Vater gesagt: Er sei Schöpfer. Ein inzwischen fast
exotisches Wort, das selten in der Alltagssprache auf-
taucht. Ein typisch jüdisches und christliches Wort,
eine Antwort auf die uralten und großen Fragen von
Menschen zu allen Zeiten: Woher kommen wir? Wohin
gehen wir? Wozu leben wir? Es sind die Fragen nach
dem Ursprung, dem Warum, und nach dem Ziel, dem
Wozu des menschlichen Lebens. Diese Fragen gehen
weit über den Tellerrand unseres Alltags hinaus, sie
gehen an den Anfang des Lebens überhaupt und fragen zugleich nach dem Ende oder gar der Vollendung
von Welt, von der Menschheit und vom eigenen Leben. Die christliche Rede von der Schöpfung meint
zunächst: Die Welt einschließlich des Menschen hat
sich nicht selbst ins Dasein gerufen und verdankt
sich nicht einfach nur der blinden Evolution, sondern
verdankt sich in letzter Sicht einem Schöpfer, der Ursprung von Evolution und Natur ist, der die Welt und
den Menschen will und erschafft. Dies gilt unbeschadet der modernen Naturwissenschaft und der Evoluti-
onstheorie, denn die Frage nach dem letzten Sinn von
Welt und Mensch geht weit über die Frage der Naturwissenschaft hinaus. Papst Benedikt XVI. notiert in
seiner Enzyklika „Caritas in veritate" aus dem Jahre
2009: „Der Mensch ist nicht etwa ein verlorenes Atom
in einem Zufalls-Universum, sondern ein Geschöpf
Gottes, das von ihm eine unsterbliche Seele empfan-

gen hat und von Ewigkeit her geliebt worden ist. Wenn der Mensch nur das Ergebnis des Zufalls bzw. der Notwendigkeit wäre oder wenn er seine Bestrebungen auf den begrenzten Horizont der Situationen reduzieren müsste, in denen er lebt, wenn alles allein Geschichte und Kultur wäre und der Mensch nicht eine Natur besäße, die dazu bestimmt ist, sich in einem übernatürlichen Leben selbst zu überschreiten, könnte man von Wachstum oder Evolution sprechen, nicht aber von Entwicklung." (Nr. 29) Hier handelt es sich also längst nicht mehr allein um die naturwissenschaftlich höchst interessante Frage, wann und wie der Kosmos entstanden ist, sondern ob dieser Evolution eine grundlegende Logik eines von der vergänglichen Welt unabhängigen Schöpfers zugrunde liegt. Mit anderen Worten: Ob es für den Menschen eine Entwicklung zur Vollendung hin gibt, ob die Evolution ein Ziel hat, ob das Wachstum des Menschen eine Vollkommenheit in der Zukunft erstrebt. Ist die Evolution durch Zufall, blindes Schicksal, Notwendigkeit oder von Gott bestimmt? Und genauso wichtig und bedrängend ist eine zweite, damit verbundene Frage: Bin ich selbst, dieser konkrete Mensch mit einer Lebensgeschichte „am Anfang" aus Zufall oder durch ein dummes Schicksal entstanden, oder liegt meinem Leben und meiner Existenz eine innere Logik zugrunde?

Logik des Anfangs

Damit sind zwei Grundworte der christlichen Schöpfungslehre benannt: Anfang und Logik. An zwei prominenten Stellen der Heiligen Schrift findet sich das Wort Anfang: „Im Anfang schuf Gott Himmel und Erde" (Gen 1,1), also ganz zu Anfang der Bibel, und parallel dazu am Anfang des Johannes-Evangeliums: „Im Anfang war das Wort" (Joh 1,1), wobei dieses Wort im griechischen Original eben „logos" heißt und damit den Hinweis auf die Logik oder den grundlegenden Sinn gibt. Gott setzt einen Anfang, aber nicht einfach einen zeitlichen Anfang (das wäre das lateinische Wort „initium"), sondern einen logischen Anfang (das ist das lateinische Wort „principium"). Es ist wie beim Vergleich von zwei Spielen und deren Ziel und innerer Logik, etwa „Malefiz" und „Mensch-ärgere-dich-nicht". Jedem der beiden Spiele liegt eine höchst unterschiedliche Logik zugrunde, die sich durch die Spielregel erschließt: Beim Malefiz – daher der Name – gewinnt nur einer und alle anderen Mitspieler sind verloren und vergessen. Beim „Mensch-ärgere-dich-nicht" hingegen gewinnen am Ende alle – nur in unterschiedlicher Reihenfolge; man muß nur lang genug warten, dann ist jeder Mitspieler da, wo er nach der Logik des Spieles hingehört. Was wäre also die innere Spielregel des menschlichen Lebens? Und noch grundsätzlicher gefragt: Läßt sich im und hinter dem menschlichen Leben überhaupt eine Regel, eine Idee, ein roter Faden, eine innere Logik entdecken? Wenn an Gott geglaubt wird, dann wird eine erste Antwort gegeben: Ja, es gibt eine solche Logik und sie ist von Anfang an, prinzipiell also, da. Gott ist die Logik, er ist das Sein schlechthin, ohne Anfang und ohne Ende. Welt und Mensch aber haben ihren Anfang durch ihn und seinen Willen.

Der achte Tag

Wenn es daher heißt, Gott sei Schöpfer des Himmels und der Erde, dann ist dies keine naturwissenschaftliche Sprechweise und kann daher zu den Erkenntnissen und Forschungen der Naturwissenschaft auch nicht in Widerspruch treten. Himmel und Erde meinen in biblischer Sprache die gesamte Schöpfung als sichtbaren Ort des Menschen (Welt) und als unsichtbare Wirklichkeit Gottes (Himmel). In der Schöpfungserzählung der Heiligen Schrift, im Buch Genesis (mit genau genommen zwei etwas unterschiedlichen Schöpfungsberichten unterschiedlichen Alters) wird Gottes Schöpfungswerk sinnbildlich als eine Reihe von sechs Arbeitstagen dargestellt, die mit der Ruhe des siebten Tages enden und vollendet werden. Dieser siebte Tag, der jüdische Sabbat, ist natürlich nicht einfach ein Tag des göttlich-erschöpften Ausruhens, sondern der Tag, der die Gutheit der Schöpfung vollendet. Nach jedem Schöpfungstag nämlich heißt es: „Und Gott sah, dass es gut war." Vom Sabbat aber heißt es: „Am siebten Tag vollendete Gott das Werk, das er geschaffen hatte, und ruhte am siebten Tag von seinem ganzen Werk, das er gemacht hatte. Und Gott segnete den siebten Tag und heiligte ihn, denn an ihm ruhte er von seinem ganzen Schöpfungswerk." (Gen 2,1-3) Der Akzent liegt hier auf der Heiligung, nicht so sehr auf der Ruhe. Heiligung bedeutet aber: Gewinn an Heiligkeit. Und Heiligkeit, das hervorstechendste Merkmal Gottes, ist Unantastbarkeit, etwa das, was wir in der Alltagssprache mit Tabu bezeichnen: Jeder alltäglichen Verwertung und Berechnung grundsätzlich entzogen. Der siebte Tag ist geheiligt, weil die Schöpfung und der Mensch heilig sind und einer letzten Verfügung durch den Menschen entzogen bleiben. Der letzte Tag der Schöpfung ist heilig, weil er die Heiligkeit der ganzen Schöpfung vollendet, wie ein Siegel auf einem Dokument. Das Christentum ging noch einen Schritt weiter und erklärte den achten Tag, der in der Woche eigentlich nicht vorkommt, zum heiligen Tag, zum Herrentag, zum Sonntag: Es ist der Tag der Auferstehung Christi, der eigentlich in unserer Vorstellungswelt nicht vorkommt und nur von Gott her möglich ist. Das ist der innere Sinn des Sonntags: Nicht einfach Entspannung nach erschöpfender Arbeit und Sammlung neuer Kräfte für kommende Arbeit, sondern innere und äußere Muße, damit dem Staunen und dem Dank Raum bleibt: Daß ich bin und dass es gut ist, dass ich da bin, ohne jegliche Anstrengung der Leistung oder des Gewinnstrebens. So kann der hl. Augustinus sagen, die Christen seien Menschen des achten Tages: Menschen, die prinzipiell und von Anfang an von Gott für mehr als nur das bloße Überleben in der sichtbaren Welt bestimmt sind. Ja mehr noch: Der christliche Glaube an Gottes Schöpfung ist das deutliche Bekenntnis dazu, jeder Mensch sei nicht einfach nur ein Teilchen der vergänglichen Evolution, sondern sei in der sichtbaren Welt auf dem Weg zur Ewigkeit Gottes. Der siebte Tag vollendet die erste Schöpfung, der achte Tag lässt die Neuschöpfung beginnen. Daher haben auch viele der altchristlichen Taufkirchen einen achteckigen Grundriß, da der Mensch in der Taufe neu geschaffen und damit ein Mensch des 8. Tages wird. Und jeder einzelne Mensch soll von sich denken: Ich bin ein Mensch des achten Tages, denn es ist sehr gut, dass ich da bin, und ich soll nach dem Willen Gottes auf ewig da sein - das ist die Logik meines Lebens von Anfang an!

Und an Jesus Christus, seinen eingeborenen Sohn, unsern Herrn

Was mit diesem Satz gesagt sein soll, ist zunächst eine ganz grundsätzliche Wahrheit des christlichen Glaubens, die sich in dem etwas sperrigen Begriff der Offenbarung bündelt: Gott offenbart sich und macht sich erkennbar in der zweiten göttlichen Person, in Jesus Christus. Und er macht sich erkennbar als Gott, der heilt und der gut macht, was der Mensch schlecht gemacht hat. Der hebräische Name „Jesus" heißt ja übersetzt: Gott rettet, oder auch: Gott heilt. Was hat denn der Mensch schlecht gemacht, was nun von Gott in Jesus Christus geheilt und gerettet werden soll? Die

Antwort darauf kann man in schöner Weise erahnen, wenn man in Jerusalem im Saal des letzten Abendmahles ist und an das letzte Beisammensein Jesu mit seinen Jüngern denkt, an den Verrat des Judas und die Fußwaschung Jesu. Im Johannes-Evangelium heißt es: „Als er ihnen die Füße gewaschen hatte, sein Obergewand angelegt und sich wieder zu Tisch gesetzt hatte, sagte er zu ihnen: Begreift ihr, was ich an euch getan habe? Ihr nennt mich Meister und Herr, und ihr habt recht, denn ich bin es. Wenn nun ich, der Meister und Herr, euch die Füße gewaschen habe, müsst auch ihr einander die Füße waschen. Ein Beispiel habe ich euch gegeben, damit auch ihr tut, was ich euch getan habe!" (Joh 13,12–15) Die eindrucksvolle Geste Jesu, unmittelbar vor seinem Abschied von den Jüngern und damit gleichsam sein ultimatives, sein letztes und unüberholbares Testament, sein Vermächtnis, ist fast sprichwörtlich geworden, bis hin zu dem fast schon geflügelten Wort: Jesus hat den Leuten die Füße gewaschen, nicht den Kopf! Ja, es ist wahr: Die Tat der Liebe entscheidet über unser Gutsein, nicht ein noch so gut gemeinter Verbalradikalismus. Und mancher großsprecherische Maulheld entlarvt sich vor der Zeit als ängstlicher Drückeberger, wenn es gilt, die große Münze hehrer Vorsätze in die kleine Münze mühevoller Pflichterfüllung umzuwechseln. Aber es gilt umgekehrt auch, was manches Mal vergessen wird: Oft kommt uns ein guter Gedanke und ein guter Vorsatz gerade deswegen, weil uns jemand die Füße gewaschen hatte und nicht nur den Kopf, weil jemand einfach gut und liebevoll zu uns war und nicht besserwisserisch und belehrend, weil jemand ohne Hintergedanken uns geholfen hat und so in uns den Hintergedanken zum Leben erweckte: Könntest nicht auch du weniger Wissen und mehr Liebe verbreiten, Füße statt Köpfe waschen? Wie kommt aber das Gute in unsere Köpfe? Doch wohl zuerst, in jedem Leben, dadurch, dass uns jemand liebevoll begegnet, hilfsbereit ist, sich uns zuwendet ohne Kalkül. Ich weiß noch, wie angerührt und ins Herz getroffen ich war, als ich vor einigen Monaten kurz zu einem Vortrag in Hamburg war und sich meine jüngste Schwester frühmorgens aufmachte, um mit meiner winzigen Nichte im Kinderwagen die ganze Stadt zu durchqueren, nur um mich kurz zu sehen und mir meine Nichte zu zeigen – selten war ich so ergriffen von einer schlichten Geste der liebevollen Aufmerksamkeit! Eben deswegen fragt Jesus im Abendmahlssaal so eindringlich: Begreift ihr, was ich an euch getan habe? Begreifen wir, was andere Menschen uns Gutes getan haben? Begreifen wir, versuchen wir zu begreifen, was Gott an uns tut und getan hat? Damit beginnt alles: Sich selbst als verdankt, als gut und gewollt annehmen zu dürfen und von diesem festen Standpunkt aus den Weg des Lebens mutig beschreiten dürfen. Vor dem Bild eines Menschen kann man dankbar werden, auch und gerade vor dem Bild Gottes in Jesus Christus: Was hat er uns getan und wie antworten wir darauf?

Der Mensch ist kein Wolf

Der Name Jesus bedeutet übersetzt: „Gott rettet". Da wäre doch noch einmal zu fragen: Wovon soll gerettet werden und warum überhaupt ist Rettung notwendig? Von dem englischen Philosophen Thomas Hobbes (1588–1679) stammt das zutiefst bittere Wort: „Homo homini lupus est" – der Mensch ist dem Menschen ein Wolf. Zu dieser Ansicht gelangt Hobbes durch die Beobachtung der ihn umgebenden Wirklichkeit – und mancher Mensch heutzutage würde wohl sehr geneigt sein, ihm zuzustimmen. Da aber, so Hobbes weiter, kein Mensch auf Dauer im Zustand ständiger Unsicherheit und Gefährdung angesichts des mitmenschlichen Wolfes zu leben in der Lage ist, verzichtet er aus Selbstinteresse und schierer Angst auf seine Freiheit und begibt sich in den allmächtigen Schutz des Staates, der wie ein mächtiger Leviathan Schutz, Sicherheit und Rettung vor den Nachstellungen des Mitmenschen garantiert. Auch der hl. Augustinus dachte viele Jahrhunderte früher ähnlich: Nach ihm entsteht der Staat und seine Notwendigkeit als Folge des Brudermordes von Kain an Abel und um weiterer Gewalt konsequent einen Riegel vorzuschieben. Aber, und das ist der Unterschied der beiden Denker: Augustinus sieht diese staatliche Gesetzesordnung nur als Hilfsordnung, die zwar schlimmes Unrecht durch Gesetzeszwang verhindert, zugleich aber nicht einfach ein Leben unter dem Gesetz, sondern ein Leben in Liebe ermöglichen soll. Denn, und das ist der springende

Punkt: Gerettet werden muß der Mensch nicht so sehr vor der Bedrohung durch den Mitmenschen, sondern durch die Bedrohung im eigenen Herzen, nämlich das schleichende Unvermögen zu wahrer und treuer Liebe. Dieses Unvermögen zu heilen ist nur Gott in der Lage. Und er tut es, indem er selbst Mensch wird, in die Zeit und Geschichte eintritt und so den Menschen rettet, der sich außerhalb des Paradieses verlaufen und verloren hatte.

Krankheit zum Tode

Wie ein roter Faden durchziehen die Evangelien die Geschichten von Wunderheilungen, die aber immer mehr bedeuten als bloß medizinische Intensivbehandlungen. Gedacht ist immer an eine innere Heilung des Menschen, der am Leben leidet, der an der Krankheit leidet, die Sören Kierkegaard einmal die „Krankheit zum Tode" nennt: am sicheren Bewusstsein, einsam und allein sterben zu müssen und nichts mitnehmen zu können, und an der chronischen Unentschiedenheit zum Guten. Was wäre, wenn der Mensch davon geheilt werden könnte? Genau dafür stehen im Neuen Testament die Heilungswunder. Im Johannes-Evangelium sind es sieben Zeichen, die natürlich an die sieben Schöpfungstage und ihre ursprüngliche Gutheit erinnern. Die Schöpfung wird wieder gut gemacht, so können wir sagen. Was genau gemeint ist, sieht man sehr erschütternd an der Heilung des Gelähmten am Teich Bethesda. Darüber heißt es im Johannes-Evangelium: „In Jerusalem gibt es beim Schaftor einen Teich, zu dem fünf Säulenhallen gehören, dieser Teich heißt auf hebräisch Bethesda. In diesen Hallen lagen viele Kranke, darunter Blinde, Lahme und Ausgezehrte. Dort lag auch ein Mann, der schon achtunddreißig Jahre krank war. Als Jesus ihn dort liegen sah und erkannte, dass er schon lange krank war, fragte er ihn: Willst du gesund werden? Der Kranke antwortete ihm: Herr, ich habe keinen Menschen, der mich in den Teich trägt, sobald das Wasser in Bewegung gerät. Während ich hingehe, steigt schon ein anderer vor mir hinab." (Joh 5,1–7) Vordergründig eine etwas rätselhafte Geschichte, fast wie ein Märchen aus tausendundeiner Nacht: Ein Engel bringt angeblich das Wasser in Wallung und wer zuerst ins Wasser gelangt, ist geheilt. Aber es ist kein frömmelndes Ammenmärchen, sondern ein Blick auf den Ursprung aller Krankheit. Zunächst ist da die schlichte Frage Jesu: Willst du gesund werden? Wer wollte das nicht? Und doch sind zwei Fragen unabweisbar.

Zwei Fragen

Erstens nämlich: Wozu überhaupt gesund sein? Denn alle Gesundheit nützte doch nichts, wenn uns das Ziel der Gesundheit und des Lebens abhanden gekommen wäre. Gesundheit ist bei näherem Hinsehen kein Selbstzweck, sondern ein Mittel zum Zweck, ein Weg zum Ziel. Wären wir nicht erstaunt, wenn bei einem 90. Geburtstag das Geburtstagskind auf unseren

Glückwunsch antwortete: Ja, ich bin froh, so lange und so gesund überlebt zu haben! Jeder würde im Stillen denken: Schön und gut, aber was war das Ziel, um dessentwillen du so alt werden und gesund bleiben wolltest? Noch schärfer zugespitzt: Was würden wir denn wählen angesichts der erneuten Frage einer bösen Fee – langes gesundes Leben ohne Freunde oder kurzes Leben mit viel Beschwernis, aber mit Freunden und geliebten Menschen? Und die zweite Frage: Es gibt äußere und innere Gesundheit, körperliche und seelische Krankheit. Und wir neigen dazu, seelische Schmerzen für geringer zu achten als körperliche Leiden. Darauf scheint die Antwort des Gelähmten am Teich Bethesda hinzudeuten: „Herr, ich habe keinen Menschen…" Ist das nicht das eigentliche Leiden und die von vielen Philosophen bedachte und soeben kurz skizzierte „Krankheit zum Tode"? Daß der Mensch existentiell und grundsätzlich allein ist, einsam und geradezu verdammt dazu, es mit sich allein ein Leben lang aushalten zu müssen? Und zeigt nicht die hässliche Fratze des ungehemmten Kapitalismus gerade dieses grausame Geschick des Menschen: Nur Spielball anderer Interessen zu sein; im Wettlauf um die besten Plätze, die größten Erträge und die glänzendsten Erfolge immer der Letzte zu sein? Jeder von uns braucht mindestens einen Menschen, und jedem von uns geht auf Dauer die seelische Luft aus bei dem grauenhaften Gedanken, man habe keinen Menschen… Gott wurde Mensch, um dieses Grauen zu erlösen und zu heilen.

Heilung von Vergeblichkeit

„Gott rettet" in seinem Sohn Jesus Christus, und die Zufügung „Christus" als griechisches Wort für den hebräischen Ausdruck Messias macht den Anspruch deutlich: Der von Israel ersehnte und dem Volk verheißene Messias, der als von Gott Gesalbter das Volk zu Gott führen wird, ist jetzt erschienen. Damit vollendet sich die Schöpfung, deren Sinn durch die Sünde Adams und Evas und den Auszug aus dem Paradies zerbrochen war. Und es vollendet sich zugleich die Geschichte der Menschheit und die Geschichte des Volkes Israel, da Gott in der Geschichte erscheint, Mensch wird und dem Menschen die Liebe des Vaters offenbart. Gott rettet in Jesus Christus jeden Menschen von dem tiefsitzenden Unvermögen zur Liebe, und damit rettet er von der allergrößten Gefährdung, der ein Mensch ausgesetzt sein kann. Ja, Thomas Hobbes hatte schon in gewisser Weise recht mit der bitteren Beobachtung, der Mensch gleiche im Umgang mit dem Mitmenschen oft und allzu häufig einem Wolf. Aber dahinter muß geschaut werden und es muß gefragt werden: Warum verhält sich der Mensch denn so? Und die Antwort kann aus christlicher Sicht nur sein: Weil der Mitmensch als Gefahr, als Bedrohung, als Konkurrent erscheint – ebenso wie Abel dem Kain als Konkurrent um den begehrten Platz an der Sonne des göttlichen Wohlgefallens erschien. Dieses inwendige Unvermögen zur Liebe kann nur von dem, der vom Wesen her Liebe ist, von Gott also umgewandelt und geheilt werden. Hier genau liegt das Neue des Christentums und seine Mitte. Joseph Ratzinger formuliert es so: „Dies ist die eigentliche Neuheit des Christentums: Der Logos, die Wahrheit in Person, ist auch die Sühne, die verwandelnde Vergebung über all unser Vermögen und Unvermögen hinaus." (Wahrheit, Werte, Macht, Freiburg/Br. 1993, 61) So wird Gott Mensch, um dem Menschen seine heilende Liebe offen zu legen: durch sein Handeln und seine Heilungen, durch seine Gleichnisse und Bildreden, durch sein Leiden und Sterben. Und am Menschen liegt es nun, offen zu sein für diese Liebe. Nur dann geschieht Heilung. Romano Guardini (1885–1968) notiert sehr schön: „Keins der großen Dinge im Menschenleben ist aus bloßem Denken entsprungen; alle aus dem Herzen und seiner Liebe. Die Liebe aber hat ihr eigenes Warum und Wozu - freilich muß man dafür offen sein, sonst versteht man nichts... Wenn es nun aber Gott ist, der da liebt? Wenn es die Tiefe und Gewalt Gottes ist, die sich erhebt - wessen wird die Liebe dann fähig sein? Einer Herrlichkeit, so groß, dass sie dem, der nicht von der Liebe ausgeht, als Torheit und Unsinn erscheinen muß." (Der Herr, Mainz 1997, 15)

Gott wird Mensch in jedem Menschen

Das Christentum ist keine primäre Buchreligion. Gott ist nicht Buch geworden, sondern Mensch und Person: Jesus Christus. Und damit beginnt zugleich ein neues Kapitel in der Entwicklung der Menschenrechte. Denn wenn Gott in Jesus Christus Mensch wird und menschliche Gestalt annimmt, dann gilt das in der Folge auch für jeden Menschen und jedes Individuum, das zum Bild Gottes in Zeit und Geschichte wird. Individualität gewinnt eine ganz neue und bisher ungeahnte Würde, ist nicht mehr nur ein matter Abglanz des Originals, sondern einzige Möglichkeit zur Erkenntnis des Originals und einzige geschichtliche Verkörperung des unsichtbaren Gottes. Der Mensch – jedes Individuum hat ein Recht: Was der mutige Dominikaner Bartolomé de Las Casas im 16. Jahrhundert vor Kaiser Karl V. verficht, das wird zu einer der ersten Menschenrechtserklärungen in den spanischen „Leyes de los Indios" von 1540 und zur Grundlage der modernen Menschen- und Personrechte überhaupt. Denn das Recht verbürgt zuerst, dass ein Mensch gut handeln kann. Es muß ein Mensch gut behandelt werden, damit er gut handelt; daher unterstreicht Reinhold Schneider in seinem großartigen Buch „Las Casas vor Karl V.": „Im Handeln werden wir nicht gesund; wir müssen vielmehr gesund sein, wenn wir handeln wollen." (Fulda 1946, 21) Und auch das gehört dann zum Recht eines jeden Menschen: Moral und Lebenskunst werden in die Verantwortung des Individuums gegeben. Freilich gelten nach wie vor die Zehn Gebote für alle und jeden, aber ihre konkrete Umsetzung und ihre Reichweite werden dem Gewissen und der Entscheidung des Individuums anvertraut. Anders gesagt: Moral wird im neuzeitlichen Christentum zum Weg frei gewählter Menschwerdung; die Würde des Menschen liegt gerade in seiner Freiheit und in seiner

Möglichkeit, Herr im eigenen Haus der ungezügelten Leidenschaften zu werden und zu bleiben. Die „Exerzitien" des hl. Ignatius von Loyola (1491-1556) ordnen sich in diese Lebenskunst und Lebensführung ein. Und bei einem der berühmtesten und folgenreichsten Philosophen der Renaissance, bei Giovanni Pico della Mirandola (1463-1494), lesen wir: „Also wollen auch wir durch die Wissenschaft der Moral die Anstürme der Leidenschaften in Schranken halten, indem wir die Finsternis der Vernunft vertreiben und uns so gleichsam von dem Schmutz der Unwissenheit und der Laster befreien. So wollen wir die Seele reinigen, damit nicht die Leidenschaften in uns wild einhertoben oder die unkluge Vernunft irgendwohin rast." (Über die Würde des Menschen, Zürich 1992, 18)

Empfangen durch den Heiligen Geist

Wer in Rom auf dem Kapitol, einem der sagenhaften sieben Hügel Roms, steht, der blickt nicht ohne innere Bewegung hinunter auf die Wiege und die Herzmitte des alten Römischen Reiches: das Forum Romanum. Ursprünglich eben nur ein Marktplatz, wie der Name Forum sagt, außerhalb der ersten Ansiedlung gelegen, im Lauf der Jahrhunderte dann mehr und mehr zum eigentlichen Zentrum des Reiches aufgestiegen. Blickt man vom Kapitol hinunter, dann sieht man zunächst nur ein Gewirr und Gewimmel von umgestürzten Säulen und zerborstenen Marmorplatten, von kunstvollen

Kapitellen und gemeißelten Statuen. Erst allmählich gewöhnt sich der Blick an das antike Wirrwarr und vermag Konturen zu erkennen: das Senatsgebäude, Reste des Jupitertempels, die allen Schmuckes beraubte Maxentiusbasilika. All dies aber ist noch nicht das eigentliche Zentrum des Römischen Reiches. Man muß schon ganz genau hinschauen, um dieses Zentrum zu entdecken: ein kleiner, fast vollständig erhaltener Rundtempel mit einem Säulenhof. Es ist der Tempel der Vesta, der römischen Göttin des heiligen Herdfeuers. Nicht Schatzhaus oder Senat, nicht Jupitertempel oder ein Triumphbogen, nein: dieser kleine Tempel mit dem nie erlöschenden Herdfeuer war das unbestrittene Herz der gesamten römischen Kultur. Hier nämlich hatte sich aus der uralten Zeit der ersten Besiedlung die Erinnerung daran gehalten, dass stets ein Feuer brennen muß, um die Ernährung der Familie zu gewährleisten, und dass dieses Feuer den Mittelpunkt der Familie bildet. Bewacht wurde das nie erlöschende Feuer auf dem Forum Romanum von den Priesterinnen der Vesta, den Vestalinnen, die das höchste Amt im Staat innehatten und zugleich unter höchstem Anspruch standen: Verletzte nämlich eine von ihnen das Gelübde der Keuschheit, so wurde sie lebendig begraben. Die Strenge der Strafe spiegelt noch die Heiligkeit des Feuers aus den frühen Tagen der Hirtenzeit wider: Feuer ist ein lebensspendender Schatz, der gut gehütet werden will. Und so wie das heilige Herdfeuer das Herz des Römischen Reiches bildete, so war die Familie die Keimzelle des römischen Staates.

Feuer der Begeisterung

Mir scheint, der kleine Tempel der Vesta mit dem längst erloschenen Feuer auf dem Forum Romanum sei bis heute ein beredtes Sinnbild unserer Kultur und unseres Glaubens, obschon es aus heidnischer Zeit stammt. Jeder von uns lernt das Menschsein zuerst in der Familie, im kleinen Kreis von Menschen, die uns wärmende Liebe und Zuneigung schenken. Aber mehr noch: Das heilige Feuer ist zugleich das Feuer der ersten Liebe, der ersten Sehnsucht, der ersten Begeisterung in unserem Herzen. Nicht zufällig steckt in jenem Wort der Begeisterung das Wort Geist: Gemeint ist die innere Flamme der Sehnsucht und der Motivation, die zum Handeln anspornt. Und wiederum nicht zufällig erscheint der Heilige Geist am Pfingstfest nach dem Zeugnis der Apostelgeschichte in Feuerzungen. Der Apostel Paulus nennt das Berufung und mahnt: „Seht auf eure Berufung!" (1 Kor 1,26) Gemeint ist doch wohl: Achtet sorgfältig auf eure Berufung, auf die erste Liebe eures Lebens, auf die ersten Ideale! Denn dieses Feuer der Begeisterung, das im Herzen eines jeden Menschen brennt, manchmal vielleicht nur noch schwach glimmt, es braucht Bewahrung und Behütung, ja mehr noch: es muß genährt werden, sonst erlischt es. Es braucht, mit einem Wort, sorgsame und liebevolle Pflege. Es brennt nicht einfach von allein. Man kann es mutwillig ersticken oder in Resignation vergessen oder in der anwachsenden Ödnis des Alltags verlöschen lassen. Darum braucht es Pflege, ja geradezu Hygiene des Herzens und des inneren Feuers: Was war denn meine erste Sehnsucht? Was wurde aus meinen hochgesteckten Plänen und Idealen? Sicher ist: Niemandem gelingen alle Wünsche und Wagnisse. Und dennoch bleibt die bange und drängende Frage in jedem Herzen: Lebe ich noch aus der Kraft der ursprünglichen Erwartungen? Oder habe ich innerlich längst vor den Stürmen des Lebens kapituliert? Bin ich mir und der ersten Begeisterung treu geblieben? Oder habe ich innerlich längst einen klammheimlichen Pakt mit der alltäglichen Durchschnittlichkeit geschlossen? Niemand vermag mit halbem Herzen zu leben, sonst lebt er auf Dauer an sich vorbei und verschleißt sich vor der Zeit.

Glaube als Urvertrauen

Damit ist die Frage der Motivation zum guten Handeln berührt. Kein Handeln und kein Verhalten fällt ja einfachhin wie ein Blitz aus heiterem Sommerhimmel, alles Verhalten baut auf innerer Haltung auf und diese wiederum auf einem letzten Halt des Herzens. Das lateinische Wort für jenen inneren Halt ist „fides", zu deutsch: Glaube. Woran also hängt mein Herz, und woran glaube ich zuletzt und beständig? Von Hans Conrad Zander und seinen Gedanken zum Verlust des Glaubens war eingangs schon die Rede. Hier sei nochmals erinnert an die Überlegungen des hl. Thomas von Aquin zur Frage, wie sich ein Mensch verhalten solle, wenn er einen großen und schmerzlichen Verlust erleidet. Und es geht präzis um den Glauben als innerstes Urvertrauen, das dem Kinde eingepflanzt wurde und dem Erwachsenen unmerklich verlorengeht. Niemand kommt ja ungeschoren durchs Leben und niemand, um im Bild zu bleiben, bringt Zeit seines Lebens all seine Schäfchen ins Trockene. Jeder verliert unterwegs mehr oder weniger viel Glauben: Zutrauen in eigene Kräfte, Vertrauen auf Menschen, Treue zu Idealen. Vertrauen wird durch anwachsendes Misstrauen verdrängt, Leichtigkeit des Seins durch Schwermut des Alltags. Thomas von Aquin empfiehlt für solche Fälle einige einfache Grundregeln zu beachten: genügend Schlaf, ausreichend essen und trinken (bevorzugt Wein), Besuch bei tröstenden Freunden. Am wichtigsten aber scheint zu sein, was Hans Conrad Zander im Anschluß an einen Gedanken des hl. Johannes vom Kreuz notiert: „Wenn wir unsere religiöse Überzeugung verloren haben, dann hüten wir uns davor, sie gleich durch eine andere Überzeugung zu ersetzen. Wir versuchen wenigstens eine Weile ohne sie auszukommen." (Von der rechten Art, den Glauben zu verlieren, Münster 2009, 47) Treue zum ursprünglichen Halt und zum tragenden Glauben kann auch darin bestehen, Treu und Glauben nicht zu wechseln wie abgetragene Unterhemden; wer das täte, verschlisse sich selbst bald wie ein aufgetragenes Kleidungsstück. Jeder von uns gewinnt seine Identität und sein unverwechselbares Profil durch den allmählich sich im eigenen Leben entrollenden roten Faden. Und Zeiten der Wüste und des Verlustes an innerer Begeisterung sind in dieser Sicht ganz normal und gehören zum Menschen. Dann käme alles darauf an, sich der ursprünglichen Begeisterung, der Berührung durch Gott und Menschen dankbar zu erinnern und auszuharren in der scheinbaren Vergeblichkeit des Alltags. Die frühen Wüstenväter der Christenheit denken viel nach über die Versuchungen in der Einsamkeit der Wüste. Schlimmer als jede sexuelle oder sonstige Versuchung scheint ihnen die existentielle Versuchung der sogenannten „acedia", der inneren Antriebslosigkeit und Verdüsterung zu sein, die auch als Mittagsdämon bezeichnet wird, weil sie in der Mitte des Tages oder (als midlife-crisis) in der Mitte des Lebens auftritt. Sie flüstert uns dämonisch und heimtückisch ein: Es hat alles keinen Sinn, niemand mag dich, niemand interessiert sich für dich, niemand ist da, alles ist geistlos und sinnlos. So verschleißt sich das Urvertrauen und schmilzt wie Schnee in der Wüstensonne. Und dagegen, so die Wüstenväter, hilft nur Ruhe und Geduld. Und die dankbare Erinnerung an das, was einst beglückte und demnächst auch wieder beglücken wird.

Von Gott empfangene Begeisterung

Der Satz im Glaubensbekenntnis spricht von der Empfängnis Jesu durch den Heiligen Geist, von der Begegnung Gottes mit dem Menschen, von der Zeugung des göttlichen Sohnes in Maria. Wie oft mag Maria sich auf ihrem Lebensweg, der fast unmerklich in den Kreuzweg ihres Sohnes mündete, der Stunde des Engels und seiner Botschaft schmerzlich erinnert haben? Erinnert an den Augenblick, in dem alles begonnen hatte: der Verkündigung durch den Engel. Das genau war ja, was im Glaubensbekenntnis heißt: „empfangen durch den Heiligen Geist". Auf alten Gemälden sieht man die Verkündigung des Engels an Maria, also die Empfängnis Jesu durch den Heiligen Geist, oft so dargestellt, als flöge eine kleine Taube mitten ins Herz der Gottesmutter. Gott hat das Herz Mariens begeistert, mit seinem Geist erfüllt und darauf vertraut, dass sie diesen Heiligen Geist in ihr Herz aufnehme und ihn hüte, und so zur Wohnung des Geistes Gottes werde. Und bei uns könnte es auch so sein: Daß wir uns erinnern an das, was uns von Menschen an Liebe geschenkt wurde. Und dass wir uns erinnern an das, was Gott uns schenkte, sich selbst nämlich in der Taufe, sich in Gestalt des Heiligen Geistes, sich als in unseren Herzen und im Gewissen gegenwärtige Liebe. Und diese Liebe Gottes will zu uns sprechen und will gehütet werden und muß genährt werden. Und jeder von uns braucht ein heiliges inneres Feuer der Begeisterung und der namenlosen Freude über Gottes Gegenwart im eigenen Leben, das es wie das heilige Feuer der Vesta zu behüten gilt.

Geboren von der Jungfrau Maria

Wer als Pilger ins Heilige Land oder auch nur nach Jerusalem kommt, der wird immer auch einen Abstecher nach Bethlehem machen. Dort in der Geburtsgrotte

Jesu unter der Geburtskirche ist in den Boden ein großer silberner Stern eingelassen, auf dem die Worte zu lesen sind: „Hic de Virgine Maria Jesus Christus natus est – Hier wurde Jesus Christus von der Jungfrau Maria geboren." Der lateinische Satz beginnt bewusst mit dem programmatischen „Hic": Hier und nirgendwo anders. Das kleine Wort erinnert den katholischen Christen an die lateinischen Wandlungsworte der heiligen Messe über den Kelch mit Wein, der durch die Worte des Priesters in das Blut Christi verwandelt wird; auch hier heißt es wiederum: „Hic est enim calix sanguinis mei – Dies ist der Kelch des neuen und ewigen Bundes, mein Blut." Die beiden kleinen Worte sind in der Bedeutung etwas unterschiedlich, aber sie deuten beide in wünschenswerter Klarheit den Kern des Christentums an: Hier und dies – konkreter kann eine Religion das Geheimnis der Erlösung nicht benennen. Das Christentum ist bei Licht besehen im Grunde ein einziger Skandal solcher Konkretion, schon zu Zeiten des Apostels Paulus den Griechen eine Torheit, den Juden ein Ärgernis, und bis heute nicht anders. Ärgernis der ganz konkreten Menschwerdung Gottes, von einer jungen Frau namens Maria, und doch nicht auf menschliche Weise durch menschliche Zeugung; Ärgernis der konkreten Geburt in Bethlehem; Ärgernis eines konkreten Menschenlebens in der Alltäglichkeit von Nazareth bis hin zum schmählichen und ehrlosen Tod am Kreuz; Ärgernis der leibhaftigen und nicht bloß symbolisch gemeinten Auferstehung von den Toten; Ärgernis der Gründung der sichtbaren Kirche auf den höchst wankelmütigen Glauben der Apostel; Ärgernis der konkreten Kirchengeschichte bis heute mit Versagen und Fehlern und Skandalen. Aber genau so will Gott Erlösung wirken, und genau das bekennt der christliche Glaube: durch die Alltäglichkeit und die Menschlichkeit hindurch.

Gottes roter Faden

Man könnte auch anders sagen: Gott macht sich verwechselbar, von der Krippe bis zum Kreuz, und zwar um der Freiheit des Menschen willen. Damit der Mensch nicht zum Ja zu Gott gezwungen ist – so wie er in der Mengenlehre der Grundschule gezwungen ist, dem mathematischen Grundsatz „Eins plus eins ist zwei" zuzustimmen – und frei ist, Nein sagen zu können zu Gott und seiner Liebe. Denn wenn es nicht um harte mathematische Fakten geht, sondern um Liebe und Zuwendung, ist ein freies und freiwilliges Ja unbedingt erforderlich. Gott will nicht überwältigen, er will überzeugen. Immer, damals wie heute, bleibt die menschliche Möglichkeit zum Nein und zur Ablehnung: Nein, das ist nicht der Erlöser, nur ein gelehrter Rabbi. Nein, das ist nicht die Auferstehung, nur ein leeres Grab. Nein, das ist nicht die Kirche Gottes, nur ein menschlicher Religionsverein. Nein, das ist nicht meine Aufgabe und meine Berufung, nur ein zufälliges Ereignis meines Lebens. Nein, das ist nicht (mehr) der Mensch meines Lebens, nur eine flüchtige Bekanntschaft, die sich stark abgenutzt und verflüchtigt hat...

Aber Gott wird so konkret, und erst unser entschlossenes Ja macht aus dem scheinbaren Zufall – der Zeugung, des Kennenlernens, der Frömmigkeit, der Freundschaft – eine innere Notwendigkeit, die wir dann Berufung nennen. Sehr deutlich wird dies im Blick auf die Freunde: War es nicht Zufall, dass wir sie kennenlernten? Ja schon, aber der Glaube an Gottes Führung und Vorsehung schmiedet jetzt aus diesem Zufall die Notwendigkeit, die erst einem menschlichen Leben Richtung und Ziel verleiht. Den roten Faden unseres Lebens gibt uns Gott nicht zwanghaft vor, er fällt uns nicht fertig gewebt vom Himmel in den Schoß, wir wirken und weben ihn selbst, durch Willensleistung, aus den Zufällen unseres Lebens, in denen wir Gottes Spur erkennen wollen und seine Gegenwart konkret wahrnehmen. Das hört sich leichter an, als es in Wirklichkeit ist, denn oft sind wir ja wirklich im Zweifel über den konkreten Willen Gottes. Und nicht immer und nicht sehr oft hören wir den Willen Gottes so deutlich, wie Maria ihn aus dem Mund des Engels gehört hat. Nicht jede Krankheit und nicht jeder übellaunige Vorgesetzte und nicht jedes eigene Versagen ist schon identisch mit dem Willen Gottes. Wir sollen und wollen die Wirklichkeit nicht einfach passiv wie ein willenloses Opferlamm erleiden, wir sollen und wollen sie aktiv gestalten und dadurch Gottes Willen schrittweise entdecken. Gottes Wille aber ist im Zweifelsfall immer der Weg größerer Liebe. Das ist schon ziemlich konkret und hilft oft weiter zur Klärung verschiedener möglicher Entscheidungen. Wenn wir im Zweifel sind, welche Möglichkeit besser, welcher Weg glückbringender, welches Wort heilsamer sei – immer ist die entscheidende Frage: Was führt, möglichst nachhaltig und langfristig, zu mehr Liebe? Und zwar zu einer Liebe, die ganz konkret und gerade deswegen oft schier unausstehlich ist. Der hl. Franz von Assisi (1182–1226) erkannte das bald nach seiner inneren Bekehrung, als er von weitem einen übel riechenden Leprakranken auf sich zukommen sah, kurz zögerte und ihn dann entschlossen umarmte: „Was ihr dem Geringsten getan habt, habt ihr mir getan!" (Mt 25,41) Hier und dies ist Gott, wie in der Geburtsgrotte von Bethlehem und bei der Feier der heiligen Messe. Und das könnte von Bethlehem aus ein guter Vorsatz werden für das eigene Leben: So konkret wie möglich lieben und über den eigenen Schatten springen oder doch zumindest öfters entschlossen über den eigenen Tellerrand blinzeln, ohne die teuflische Angst im Nacken zu spüren, man stürze ins Nichts. Jenseits des Schattens und jenseits des Tellerrandes wartet Gott.

Schule von Nazareth

Was folgt auf die Geburt Jesu? Im Glaubensbekenntnis hören wir nichts vom Leben Jesu, und in den Evangelien auch nur einige spärliche Sätze zur Darbringung des Kindes im Tempel, zur Flucht nach Ägypten und zum zwölfjährigen Jesus im Tempel – und der Rest ist Schweigen. Auch bei Maria, der Mutter, von der es im Lukas-Evangelium im Anschluß an die Suche nach

Jesus im Tempel heißt: „Seine Mutter bewahrte alles, was geschehen war, in ihrem Herzen." (Lk 2,51) Was hat Maria wohl gedacht und wie hat sie die Ereignisse der Kindheit Jesu im Herzen bewahrt? War sie besorgt oder gar befremdet über Jesu Verhalten? Immerhin war sie es im Tempel, dort sagt sie zu ihrem Sohn ganz unverblümt: „Kind, wie konntest du uns das antun? Dein Vater und ich haben dich voll Angst gesucht." (Lk 2,48) Und wenn Maria dies zu Jesus gesagt hat – dürfen dann nicht auch wir so mit Gott sprechen, dies zu Christus sagen, so beten? Unserer Enttäuschung und unserer Angst Ausdruck geben, uns bei Gott beklagen und ihm unser Unverständnis mitteilen? Nach dem Auftritt im Tempel wird von der Jugend Jesu nichts mehr berichtet; mit dreißig Jahren vermutlich erst beginnt er sein öffentliches Wirken. Was war in der Zwischenzeit? Wir wissen es nicht. Wir können nur vermuten, dass Jesus in der Familie, mit Maria und Josef und mit zahlreichen Verwandten und Nachbarn in Nazareth ein ganz normales Leben geführt hat. „Schule von Nazareth" könnte man das nennen: Ein Leben als frommer Jude, in der Verborgenheit des Alltags und abseits der großen Weltbühne. Auch das gehört nämlich zur Menschwerdung Gottes: Heiligung des kleinen alltäglichen Weges der Pflichterfüllung und des Zusammenlebens. Und gilt das nicht auch für unser eigenes Leben, dass wir Gott und den Menschen näherkommen nicht so sehr und nicht zuerst durch die Auftritte auf grell erleuchteten Bühnen, sondern durch schlichte und einfache Erfüllung unserer Pflichten, mit Sorgfalt, mit Mühe, mit Geduld? Das aber lernt jeder von uns in seinem eigenen Nazareth; in der Familie, in der er aufwächst; in Ehe und in Freundschaften, in denen jeder von uns die eigene Notwendigkeit erfährt und von Liebe und Zutrauen umgeben wird. Und genau deswegen heißt es ja mit Recht in der christlichen politischen Ethik: Ehe und Familie sind die Keimzelle des Staates. Denn jeder von uns erfährt das Recht auf Leben und auf Liebe in den ersten Monaten und Jahren seines Lebens. Das Recht auf Liebe? Ja durchaus, obwohl es fast die Quadratur des Kreises zu sein scheint. Aber der Mensch hat zutiefst und zuinnerst jenes nicht einklagbare Recht, geliebt und gewollt zu werden. Solche Liebe erfährt jeder zuerst und prägend als Kind in der Familie. Und nur dann kann er später diese Liebe selbst weitergeben. Der Staat verbürgt die Gerechtigkeit als moralischen Grundwasserspiegel eines menschenwürdigen Lebens, aber er baut auf Ehe und Familie als Grundsteine eines liebenswürdigen Lebens und setzt sie stillschweigend voraus. Denn nur hier wird jener Raum der Gerechtigkeit und des Austausches von Interessen und der Zugewinngemeinschaften überschritten und erweitert hin zu dem, was der Staat aus der Ferne letztlich als Ziel im Auge haben sollte: ungeschuldete und unbedingte Liebe im Leben von Ehe und Familie. Nur hier wird das erlernt und begriffen, was keine noch so gut gemeinte staatliche Maßnahme später beibringen oder gar erzwingen kann: dass der Mensch von der freien Zuwendung des anderen Menschen lebt und darin ein Glück findet, das keinen Preis mehr kennt.

Herzensbildung

Ist hier nicht dann auch das Herz der Bildung zu sehen: in der Bildung des Herzens? Wenn wir von Bildung und Ausbildung sprechen, dann denken wir zumeist an Kenntnisse und Fertigkeiten äußerer Art. Solche Kenntnisse sind gut und nützlich, aber nicht nahrhaft und sättigend für die Seele. Niemand von uns ist glücklich, weil er viele Sprachen beherrscht oder mathematische Kunststücke kann, er ist allenfalls zufrieden darüber, was über sein Glück aber noch nichts aussagt. Und selbst ein hochbegabter Pianist, der alle Mozartsonaten auswendig beherrscht, wäre erst dann darüber glücklich, wenn es wenigstens einen Menschen gäbe, der diese Sonaten von ihm vorgespielt bekommen möchte. Bildung des Herzens heißt immer: Wege zum Herzen eines anderen Menschen finden und gehen können. Und nach christlichem Verständnis und im Anschluß an den mittelalterlichen Dominikanertheologen Meister Eckhart (1260–1328) meint Bildung: Ausbildung des Gottesebenbildes in uns. Da Gott die Liebe ist, liegt alles daran, die Möglichkeiten zur Liebe im Menschen ausbilden und heranreifen zu lassen. Man liebt nicht einfach von Natur aus, sondern man lernt reife und hingebende Liebe. Und ähnlich wie Bildung lässt sich in dieser Sicht auch Erziehung charakterisieren: Lenkung und Führung auf das Ziel einer reifen Persönlichkeit hin. Von dem römischen Philosophen Seneca wird ein schönes Wort überliefert: „Kinder sind nicht wie Fässer, die gefüllt werden müssen, sondern wie Feuer, die entfacht werden sollen!" Aus diesem Satz spricht ein schier grenzenloses Vertrauen in eine ursprüngliche Gutheit und Begabung des Menschen, zugleich ein Wissen um die sokratische Einsicht, dass jede Tugend des Herzens ermuntert, ausgebildet und erlernt werden will. Auch und gerade dies meint die Schule von Nazareth: ein Raum der Muße und des Zutrauens, in dem eine Person zur Persönlichkeit aufwächst. Das Wort Schule übrigens kommt vom griechischen Wort für „Muße", und das heißt: Der Mensch braucht Räume der Muße und der Ruhe, um nicht einfach nur zu lernen, sondern ausgebildet zu werden, gute Erfahrungen mit sich und anderen Menschen zu machen, eigene und fremde Talente und Begabungen zu entdecken. Und wir brauchen Schulen und Räume, in denen Kinder mehr lernen als digitale Killerspiele und endloses Surfen im Internet, in denen Kinder Menschen und deren andere Welten kennenlernen, ohne dies als Bedrohung zu empfinden. Zeit und Raum also, um andere Menschen als Bereicherung und als liebenswert zu erkennen, denn nur so wird der Mensch zum Menschen.

Gelitten unter Pontius Pilatus

Ein einziger historisch nachweisbarer Name (von Jesus und Maria abgesehen) taucht im Glaubensbekenntnis der Kirche auf, und dies in allen Sprachen der Welt. Und wenn man im Ausland ist und in der fremden Sprache nichts versteht, diesen Namen versteht man immer und überall, und er liegt gleichsam wie ein erratischer Block mitten im Credo: Pontius Pilatus. Dieser römische Name ist wie der Nagel, an dem das gesamte Ereignis der Menschwerdung Gottes in der Weltgeschichte aufgehangen ist. Gott ist Mensch geworden. Das heißt und in der Namensnennung des Pontius Pilatus im Glaubensbekenntnis wird es so deutlich wie nie zuvor: Gott tritt ein in die Geschichte und in die Zeit. Oder anders mit Romano Guardini: So „ist Gott in einer besonderen Weise in die Zeitlichkeit eingetreten: aus selbstherrlichem Ratschluß, in reiner Freiheit. Der ewige, freie Gott hat kein Schicksal; Schicksal hat nur der Mensch in der Geschichte. Hier nun ist gemeint, Gott sei in die Geschichte eingetreten und habe ‚Schicksal‘ auf sich genommen." (Der Herr, Mainz 1997, 15) Nirgendwo wird so deutlich wie hier, dass der Gott des christlichen Glaubens nicht irgendein mathematisches Denkprinzip ist, kein unbewegter Beweger der griechischen Philosophie, sondern Person in drei Personen ist, lebendiger Gott und als lebendiger Gott und Mensch nun in die Geschichte eintritt und auf den Menschen zugeht. Im Johannes-Evangelium wird das sehr eindrücklich: Jesus steht vor Pilatus und es kommt zum entscheidenden kurzen Zwiegespräch von Gott und Mensch. Denn Pilatus steht ja für den Menschen schlechthin, den Skeptiker (und vielleicht auch, in gesteigerter Form, den Ironiker und Zyniker), den Alltagsmenschen, müde geworden von allem vergeblichen Mühen um letzte Erkenntnis und letzte Wahrheit. „Da sagte Pilatus zu ihm: Also bist du doch ein König? Jesus antwortete: Du sagst es: Ich bin ein König. Ich bin dazu geboren und dazu in die Welt gekommen, um für die Wahrheit Zeugnis abzulegen. Jeder, der aus der Wahrheit ist, hört auf meine Stimme. Pilatus sagte zu ihm: Was ist Wahrheit?" (Joh 18,37–38) Vielleicht ist es die entscheidendste und zentralste Frage der Evangelien überhaupt. Und wie der hl. Augustinus meint, wenn man nur ein Gleichnis der Evangelien behalten dürfte, so müsste man das Gleichnis des verlorenen Sohnes wählen, so könnte man hier sagen: Wenn man nur einen Satz der Evangelien behalten dürfte, so könnte es dieser sein: Was ist Wahrheit? Gibt es solche Wahrheit als Unverborgenheit des eigenen Wesens und Charakters, der eigenen Person und des eigenen Lebens? Gibt es Wahrheit in dem Reden und dem guten Zureden meiner Mitmenschen, oder gar in den Ratschlägen und Ermahnungen? Wer kennt sich selbst und wer dürfte darauf vertrauen, dass andere ihn kennen? Max Frisch notiert einmal, wie schon erwähnt, in seinen Tagebüchern die abgründige Frage: Möchten Sie mit sich befreundet sein? Und weiter und noch drängender gefragt im Blick auf unsere Freunde: Lieben wir eigentlich wirklich eine andere Person oder nicht vielmehr nur ihre uns angenehmen und hilfreichen Eigenschaften? Wäre das am Ende die tiefste und innerste Sehnsucht eines jeden Menschen: Einmal wenigstens im Leben erkannt und gekannt zu werden wie man wirklich ist, und nicht nur, wie man sich darstellt? Aber wie ist man denn wirklich und in Wahrheit?

Der Evangelist Johannes jedenfalls ist überzeugt: Gott wurde Mensch, um für die Wahrheit Zeugnis abzulegen. Und diese Wahrheit eines jeden Menschen, der je geboren wurde und je noch geboren werden wird, lautet: Er ist von Gott in undenkbarer Weise gewollt und geliebt. Das muß genügen für Zeit und Ewigkeit.

Irrungen und Wirrungen

Von der Szene zwischen Jesus und Pilatus fällt aber auch ein Zwielicht auf unser eigenes Verhältnis zur Wahrheit, unsere Verstrickung in Schuld und Unrecht, unsere Wege in Irrungen und Wirrungen. Romano Guardini entfaltet das behutsam und doch sehr klar: „Nur die Wahrheit steht da. Und erst, nachdem sie soweit niedergetreten ist, dass das Gefühl der Menschen sie in dieser Stunde der Finsternis nicht mehr empfindet, kommt das Urteil zustande. An keinem wird das so deutlich wie an Pilatus. Es ist nicht leicht, seiner Gestalt gerecht zu werden. Man darf nicht vergessen, dass er der oberste Richter des Landes war – und so erbarmungslos Rom sein mochte, immer hatte in seinem Machtbereich das Recht eine Majestät, von welcher ein Richter wenigstens den Schein wahren musste. Man könnte einwenden, Pilatus sei eben ein gewissenloser Richter gewesen. Das mag zutreffen; damit wird aber sein Verhalten im Prozeß Jesu noch nicht erklärt. Wäre er einfachhin gewissenlos gewesen, dann hätte er den Prozeß so geleitet oder wenigstens laufen lassen, dass das Urteil mit dem Schein der Rechtsform gegen Jesus als Bedroher der Ordnung gefallen wäre. In Wahrheit handelte er ganz anders. Er stellt fest, dass keine Schuld vorliegt, und das mehrmals bis zuletzt – um dann wissend ein rechtswidriges Urteil auf Tod, und zwar auf diesen Tod, zu fällen. Meist vergisst man diesen Widerspruch, oder löst ihn durch die Bemerkung auf, Pilatus sei schwach gewesen. Das genügt aber nicht; sondern der Richter wird von der ‚Macht der Finsternis‘ in Irre und Dunkel gezogen – so tief, bis er den grausigen und schmachvollen Unsinn, den er tut, nicht mehr fühlt." (Der Herr, Mainz 1997, 482)

Hier gibt es genug zu denken für das eigene Leben: Wie gehen wir mit Menschen um, über die wir – zu Recht oder zu Unrecht – zu Gericht sitzen? Wie weit ist unser Gewissen deformiert und verzerrt durch Irre und Dunkel? Und schließlich (denn es ist ja Jesus Christus, der vor Pilatus steht) auch: Wie gehen wir mit Gott und seiner Gegenwart in unserem Leben um? Und das heißt auch (da doch Gott Mensch wurde, und nicht einfach Gesetzestafel oder Katechismus): Wie gehen wir mit uns selbst und unserer Lebenswahrheit um, die uns von Gott anvertraut wurde? Und wie können wir anderen Menschen, den liebsten und den uns anvertrauten Mensch helfen, dass sie zur Wahrheit ihres Lebens und zum Guten kommen? Manchmal stehen wir ja erschüttert und hilflos vor Menschen, die in ihr eigenes Unglück rennen, und können kaum helfen. Ich erinnere mich an eine befreundete Familie in einer meiner Kaplansstellen, deren noch junge, aber schon volljährige Tochter ins Drogenmilieu abgerutscht war: Hilflos mussten die Eltern mit ansehen, wie ihr Kind immer tiefer im Sumpf der Drogenbeschaffung und der Drogensucht versank. Sie hätten es einsperren müssen, um es zu retten – aber wäre das ernsthaft eine Lösung gewesen? Am Ende wurde die Tochter tot irgendwo in Amsterdam aufgefunden, alle irdische Mühe der Liebe war vergeblich gewesen. Es bleibt die bittere Erkenntnis: Wir haben das Heil eines Menschen nicht in der Hand, und jeder ist vielleicht nicht seines Glückes Schmied, aber doch ein gutes Stück seiner eigenen Wahrheit Ingenieur. So demütig nämlich ist Gott, dass er sich und seine Wahrheit in unsere Hand gibt. So weit und so radikal entäußert er sich. Und er gibt uns selbst und unser Leben in unsere Hand und in unsere Entscheidung.

Gekreuzigt

In Rom gibt es eine Kirche, die in besonderer Weise die Erinnerung an den weit zurückliegenden ersten Karfreitag in Jerusalem wachhält: Es ist die Basilika S. Croce in Gerusalemme, die Kirche zum Hl. Kreuz in Jerusalem. Einige hundert Meter vom Lateran entfernt, etwas unscheinbar und abgenutzt abseits der großen Touristenströme an der aurelianischen Stadtmauer gelegen, birgt die Basilika einige große Schätze des Glaubens. Wer in die Unterkirche hinabsteigt, sieht die Dornenkrone und Teile des heiligen Kreuzes, Nägel und Lanze und ein Stück der Geißelsäule. Der

Überlieferung nach brachte die Kaiserin Helena im 4. Jahrhundert nach Christus diese Heiligtümer von Jerusalem nach Rom. Viele Besucher fragen ungläubig oder zweifelnd: Sind diese Reliquien echt oder nur Ausdruck eines frommen, längst verwehten Wahns? Aber das ist hier nicht die richtige Frage! Denn hier ist ja kein Museum, sondern eine Stätte der nachdenkenden Erinnerung, so wie ja auch unser Leben kein Museum, sondern Ort der Erinnerung und der Dankbarkeit ist. Für mich war es während der römischen Studienzeit immer sehr beeindruckend, wenn ich einmal im Jahr, am Vormittag des Karfreitag, mit meiner Jugendgruppe aus der römischen Vorstadtpfarrei zu diesen Reliquien pilgerte. Die Jugendlichen aus der Vorstadt waren so normal wie Jugendliche in der ganzen Welt. Aber sie waren fest davon überzeugt: Das Geheimnis der Erlösung heißt Erinnerung. Nicht darauf kommt es an, ob diese Reliquien wirklich echt sind oder nicht. Allein darauf kommt es an, dass einmal ein Mensch, der Gott war, für uns, für mich, für jeden Menschen gestorben ist und damit vom Fluch der bösen Tat, von Leid und Tod erlöst hat. Freilich: Leid und Trauer und Tod sind seitdem nicht ausradiert. Sie bleiben im Leben eines jeden Menschen als ständige und zuweilen sehr lästige Wegbegleiter. Und daher lautet die zweite Botschaft der Leidensreliquien der Kirche vom Hl. Kreuz in Rom: Wer so wie in dieser Kirche hinabsteigt zu den Leidenswerkzeugen Jesu, der soll auch selbst, im eigenen Herzen und im eigenen Leben, hinabsteigen zu den Erinnerungen an Leid und Trauer –

und an Liebe. Denn Liebe ist ja stets verbunden mit Leid, auf die eine oder andere Weise: im Schmerz, nicht genug oder nicht gut genug geliebt zu haben oder geliebt worden zu sein, im Leid unerfüllter oder unzureichend beantworteter Liebe, im Leid erstorbener oder verflossener Liebe. Der große ungarische Schriftsteller Sandor Marai (1900–1989) notiert dazu in seinem Büchlein „Die Glut": „Man muß seinen Charakter, sein Naturell ertragen, da weder Erfahrung noch Einsicht an den Mängeln, am Eigennutz und an der Habgier etwas ändern. Wir müssen ertragen, dass unsere Sehnsüchte in der Welt kein vollkommenes Echo haben. Wir müssen ertragen, dass die, die wir lieben, uns nicht lieben, oder nicht so, wie wir es hofften. Man muß Verrat und Treulosigkeit ertragen, und man muß, schwerste aller Aufgaben, es auch ertragen, wenn einem jemand charakterlich oder intelligenzmäßig überlegen ist." (München 1999, 136) Dem ist nicht viel hinzuzufügen, und jeder von uns begreift das für sein eigenes Leben und seine eigene Person. Sich und andere ertragen können und die enttäuschten Erwartungen ertragen können ... „Annahme seiner selbst" nennt das Romano Guardini, und er meint, dass dies eigentlich nur von Gottes Wissen um mich selbst her möglich ist: „Wissen ist nur, wo Liebe ist. Vom Menschen gibt es kein kaltes Wissen. Kein Wissen in Gewalt. Nur in jener Großmut und Freiheit, die Liebe heißt. Die Liebe beginnt aber in Gott: darin, dass er mich liebt, und ich fähig werde, ihn zu lieben; und ihm dankbar bin für seine erste Gabe an mich, die heißt: ich-selbst."

(Die Annahme seiner selbst, Kevelaer 2008, 32) Diesem Wissen aber stehen häufig unsere schmerzhaften Erinnerungen und Verwundungen entgegen. Oft und gern verdrängen wir diese Erinnerungen aus Angst vor namenlosem Schmerz und unsagbarer Trauer. Aber besser und heilsamer ist es, sich diesen Erinnerungen zu stellen. Bescheiden und mutig zugleich und in der Gewissheit um Gottes tröstende Gegenwart das Leid und den Schmerz des eigenen Lebens aufzusuchen und nachdenklich zu werden: Wann wurde mir Leid zugefügt, vielleicht sogar zu Recht, aufgrund übersteigerter Erwartungen meinerseits? Wann habe ich Schmerzen bei anderen Menschen verursacht, vielleicht sogar ohne bewusste Schuld?

Versöhnung und Verzeihung

Beides, erlittenes und verursachtes Leid ist seit Jesu Tod erlöst. Aber es ist zugleich auch gestorben und begraben, wie es die Begegnung Jesu mit der Ehebrecherin so schön zeigt: „Auch ich verurteile dich nicht. Geh und sündige von jetzt an nicht mehr!" (Joh 8,11) Alle Betonung liegt hier auf dem „Jetzt", vom Gestern der Sünde ist nicht mehr die Rede. Damit ist freilich im buchstäblichen Sinn kein Staat zu machen, und kein Gericht der Welt dürfte auf so dilettantische Art versuchen Recht zu sprechen oder vielmehr: das Recht zu beugen. Denn Barmherzigkeit und Vergebung und jede Form von Gnade steht immer quer zu Recht und Gerechtigkeit und Vergeltung. Und enthält nicht letztlich alle Verzeihung in sich auch immer ein Stück Ungerechtigkeit, und zwar jenen gegenüber, die Opfer der Sünde und der Schuld wurden, in diesem Fall also gegenüber der Frau des Mannes, mit der die Ehebrecherin Ehebruch begangen hatte? Von ihr wie auch von anderen Opfern und Betroffenen ist hier nicht die Rede. Aber in unserem Nachdenken über Vergebung und Verzeihung muß doch auch ein Platz für solche Opfer sein: Wie kann ihnen Gerechtigkeit zuteil werden? Wie können Vergebung und Gerechtigkeit überhaupt zusammen gedacht werden? Wie kann Wiedergutmachung ermöglicht werden? Gottes Liebe ist immer größer als das Verlangen nach Sühne und Strafe, aber wir Menschen müssen auch Wege finden, in dem Labyrinth menschlicher Schuld zu echter Vergebung zu finden, ohne dass eine Schuld einfach totgeschwiegen oder zugedeckt würde. Jede gute Beichte dient dieser Wiedergutmachung, denn die Buße gehört nach der Lehre der Kirche ja zum Beichtsakrament hinzu: Reue muß sich entfalten, nicht bloß in einem neuen Vorsatz, sondern ebenso in der Suche nach Sühnung der begangenen Schuld. Und mancher Mensch wird lebenslang, bis hinein ins Fegefeuer, an einer nicht abgegoltenen Schuld tragen und manchmal vielleicht fast daran zerbrechen. Auch dafür und für solche menschliche Tragik muß man sich einen aufmerksamen Blick bewahren und versuchen, mit den eigenen kleinen Kräften das Werk Jesu fortzusetzen: ein Werk der Versöhnung und der Vergebung und der schrittweisen Wiedergutmachung.

Vergebung ist größer als Verzeihung

Gott aber ist nicht einfach die letzte Instanz der Strafgerichtsbarkeit, er ist Gott der Gnade und der Barmherzigkeit. Und er kann auf Untersuchung und Beweismittel und Urteil verzichten um des neuen Anfangs willen. Aber der Mensch, der schuldig geworden ist, muß seinerseits auch die Möglichkeit des neuen Anfangs sehen und ergreifen.

Das wird deutlich am verlorenen Sohn, der nicht infolge väterlich angeordneter Polizeigewalt zurück ins Vaterhaus gebracht wird, sondern einzig und allein aufgrund der eigenen inneren Einsicht in Elend und Schuld – und aufgrund der nie ganz verblassten Erinnerung an das Gute, das er einst im Vaterhaus erfahren hatte. Was hatte er denn erfahren? Liebe und Zuwendung und Güte; jetzt aber gibt ihm niemand etwas: „Er hätte gern seinen Hunger mit den Futterschoten gestillt, die die Schweine fraßen, aber niemand gab ihm davon. Da ging er in sich und sagte: Wie viele Tagelöhner meines Vaters haben mehr als genug zu essen, und ich komme hier vor Hunger um. Ich will aufbrechen und zu meinem Vater gehen und zu ihm sagen: Vater, ich habe mich gegen den Himmel und gegen dich versündigt." (Lk 15,16–18) Erinnerung führt zu Reue und Umkehr. Damals bin ich glücklich gewesen – das wird zum Impuls des Aufbruchs aus dem Schweinepferch und zum Beginn der Rückkehr zum Vater.

Noch deutlicher wird es am Vergleich der beiden Menschen Judas und Petrus, im unmittelbaren Umfeld von Leiden und Tod Jesu: Beide machen sich des Verrates schuldig, beide sind der Verzweiflung nah, aber Petrus überwindet die Verzweiflung durch das Vertrauen auf die gnädige Vergebung Gottes, während Judas in namenloser erschütternder Verzweiflung keinen anderen Ausweg mehr sieht als den Tod, gerade weil seine Reue und sein Sündenbekenntnis auf die Kälte der ehedem so eilfertigen Menschen stößt und nicht den vergebenden Gott findet: „Als nun Judas, der ihn verraten hatte, sah, dass er verurteilt war, ergriff ihn Reue. Er brachte die dreißig Silberstücke den Hohenpriestern und Ältesten zurück und sagte: Ich habe gesündigt; denn ich habe unschuldiges Blut verraten. Sie aber sagten: Was geht das uns an? Sieh du zu! Da warf er die Silberstücke in den Tempel, ging fort und erhängte sich." (Mt 27,3–5) Vielleicht gibt es in der ganzen Bibel kein grausameres und herzloseres Wort als dieses „Sieh du zu!"

Verzeihung ist vielleicht von Menschen zu erlangen, Vergebung aber nicht, denn zur Vergebung gehört das Ungeschehen-Machen, und das vermag kein Mensch, nur Gott, der Herr über die Zeit ist und das Böse vernichtet hat. Ja, Vergebung ist Gabe des eigentlich Undenkbaren. Vergebung von Gott her ist, wie im Sakrament der Beichte, Ungeschehen-Machen, insofern die Zeit aufgehoben wird. Daher wird ja auch die Vergebung und Erlösung in der Ewigkeit Gottes vollkommen sein, da sie durch keine Erinnerung an vergangenes Leid und vergangene Schuld getrübt sein wird.

Die Zeit heilt keine Wunden

Freilich bleibt die Vergangenheit jetzt und hier oft bedrängend, denn wir selbst können vieles nicht mehr wiedergutmachen. Auch dafür gibt es das Fegefeuer, oder sagen wir vorsichtiger: Das, was wir darunter verstehen, nämlich den Ort, an dem ein letztes Ausleiden möglich sein wird und eine letzte Wiedergutmachung. Denn in unserem Leben bleibt vieles unabgeschlossen, ungesagt und ungetan. Darunter leiden wir, je länger ein Leben dauert, desto mehr. Viele Wege kann man nicht mehr zurückgehen, und der Tod entwindet uns manche (zu) lang aufgeschobene Möglichkeit zur Wiedergutmachung. Vor Gericht gibt es den Schlussstrich der Verjährung, im Leben aber verjährt nichts und vieles bleibt in düsterer Erinnerung lebendig. Und wir behalten manche Narbe und manchen Schmerz im Herzen.

Aber dann sagt der Glaube an Gott: Du sollst wissen, dass wir nicht eingekerkert sind in den Schuldturm eigener Unzulänglichkeit, in die finsteren Keller der Traurigkeit und der Verletzung, sondern dass einer vor uns und für uns gelitten hat und uns den neuen Anfang des ewigen „Jetzt" geschenkt hat: Das ist Erlösung und Heilung, nicht zuletzt in jeder heiligen Beichte. „Durch seine Wunden sind wir geheilt" heißt es vom Gottesknecht im Alten Testament (Jes 53,5) und von Jesus Christus im Neuen Testament (1 Petr 2,24). Geheilt von dem Leid an vergeblicher Liebe – Gott liebt uns genug. Daher muß der ungläubige Thomas seine

Hand in die Seitenwunde des Herrn legen: damit er fühlt und spürt, was ihn vom Unglauben allein heilen kann. Und für uns bleibt die Frage: Wo und in welcher Weise darf ich die Hand in die Wunde des Herrn, an sein Herz legen? Wo spüre ich in meinem Leben die Liebe des Herrn? Wo erfahre ich, was die hl. Teresa von Avila (1515–1582) so herrlich in einem berühmten Gebet ausdrückt: „Nichts soll dich ängstigen, nichts dich erschrecken, alles geht vorüber, Gott allein bleibt. Alles erreicht der Geduldige, und wer Gott hat, der hat alles. Gott allein genügt."

Gestorben und begraben

Daß Jesus gestorben ist, verbindet ihn zutiefst mit uns Menschen. So wie seine Geburt ist auch sein Tod Zeichen seiner echten Menschlichkeit. Denn das ist ja unser aller Schicksal: Wir werden einmal sterben, früher oder später. Niemand von uns kann dem Tod ausweichen, er ist unser aller Schicksal. Vielleicht ist weniger der Tod als vielmehr das Sterben der eigentliche Stein des Anstoßes: Den Tod erleiden wir ja bei Licht besehen nicht, jedenfalls werden wir ihn nicht erleben. Wir erleben bei buchstäblich lebendigem Leib unser eigenes Sterben. Und namhafte Philosophen zu allen Zeiten waren der Meinung: Philosophieren lernen heißt sterben lernen. Oder schärfer noch: Die wahre Lebenskunst besteht darin, zu Lebzeiten die Kunst des Sterbens einzuüben. Bei Michel de Montaigne (1533–1592) heißt es: „Wo der Tod auf uns wartet, ist unbestimmt; wir wollen überall auf ihn gefasst sein. Sich in Gedanken auf den Tod einrichten, heißt sich auf die Freiheit einrichten. Wer zu sterben gelernt hat, den drückt kein Dienst mehr. Nichts mehr ist schlimm im Leben für denjenigen, dem die Erkenntnis aufgegangen ist, dass es kein Unglück ist, nicht mehr zu leben. Sterben können befreit uns von aller Knechtschaft und von allem Zwang." (Essais, Stuttgart 2003, 55) Das hört sich gut und großartig an und klingt sehr tapfer. Aber es bleibt doch die Frage: Ist das eigentlich möglich? Leben wir nicht eigentlich gerade dadurch einigermaßen unbeschwert, dass wir den Gedanken an den Tod beiseiteschieben und verdrängen? Die eigene Todesangst kann ja niemand von uns vorwegnehmen oder gar einüben, und ebenso wenig wissen wir, was uns in der Todesstunde bedrängen und verängstigen und zu Tode betrüben wird.

Ich erinnere mich an einen älteren Herrn, der sich im Krankenhaus auf den Tod vorbereitete, und dem ich die Sterbesakramente brachte: Er weinte bitterlich, nicht wegen des nahen Todes, sondern in der Erinnerung an Flucht und Vertreibung, die er als kleiner Junge erlebt hatte, und bei der er die Eltern verloren hatte, so dass er als Waise bei entfernten Verwandten aufwuchs. Seine Frau, die mit mir an seinem Bett war, versuchte ihn zu trösten, aber er blieb untröstlich und weinte – weil er die Eltern kaum gekannt hatte...

Todesangst kann viele verschiedene Gesichter haben. Ich glaube dennoch, dass Montaigne Recht hat.

Das Gegenteil von Verdrängung des Todes ist dem Glauben an Gott und an seine ewige Liebe angemessener: Bewußt und nüchtern dem eigenen Tod ins Auge sehen in der Hoffnung auf Vollendung in der Ewigkeit Gottes.

Jede Stunde ist die letzte Stunde

Das hieße dann aber auch: Gelassenheit einüben, loslassen können und wissen, dass niemand von uns irgendetwas mitnimmt von dieser Erde. Außer sich selbst, also in der Sprache des Glaubens: seine unsterbliche Seele. Dann aber bedeutet dem Tod gefasst ins Auge sehen, sich bewusst sein, dass am Ende nur zählt, was in der Seele bleibt: in unserer Seele und in den Seelen der anderen Menschen. Und es heißt zuletzt auch dies: Wichtige und größere Entscheidungen im Leben so fällen und so vorbereiten, wie man in der eigenen Todesstunde hätte entschieden haben wollen. Denn der eigene Tod gibt unserem Leben und jedem Augenblick einen unwiederbringlichen Wert und eine letzte Gültigkeit. Dies ist Anlaß zu Ernst und zu Gelassenheit zugleich. Jeder Moment des Lebens zählt, aber die Vollendung unserer bescheidenen Mühe muß und wird bei Gott liegen. Wenn wir nur hierzulande, im Land der Lebenden, anfangen, wenn wir nur jede Stunde bewusst und aufrichtig leben, wenn wir nur jedem Menschen begegnen, als sei es der erste und letzte Moment der Begegnung – dann ist der Tod nicht Fluchtpunkt, sondern Zielgerade des Lebens auf Gottes Liebe hin. Und das wäre eine bewusste und gelassene Einübung in das eigene Sterben. Denn wie jemand lebt, so stirbt er auch. Wer immer nur gerafft und auf Kosten anderer gelebt hat, der wird am Ende schwer von sich weggehen können. Wie es aber überhaupt gilt: Wer nicht in seinen letzten Lebensstunden begleitet und getröstet wird, der wird es im Sterben schwer haben. Und daher gehört eine Kultur des Sterbens und der Sterbebegleitung zum innersten Wesen des Christentums; und der Glaube an Gottes ewige Liebe bleibt blutleeres Lippenbekenntnis, wenn er sich nicht bewährt in der Stunde unseres Todes. Früher wie heute ist es gute Tradition, um einen guten Tod und eine gute Sterbestunde zu beten, und in jedem Ave Maria beten wir: „jetzt und in der Stunde unseres Todes". Gemeint ist nicht nur die Bitte, vor einem plötzlichen Tod ohne eine Zeit der Vorbereitung bewahrt zu bleiben, sondern auch, vor einer letzten und namenlosen Todesangst gerettet zu werden.

Hinabgestiegen in das Reich des Todes

Ohne Zweifel ein sehr rätselhafter Satz! Kurz und knapp erklärt der „Katechismus der Katholischen Kirche": „Jesus ist nicht in die Unterwelt hinabgestiegen, um die Verdammten daraus zu befreien, und auch nicht, um die Hölle, den Ort der Verdammung, aufzuheben, sondern um die Gerechten zu befreien, die vor ihm gelebt hatten." (Nr. 633) Dabei könnte man es bewenden lassen, wenn nicht der Begriff der Gerechten aufhorchen lassen würde. Denn bei Licht besehen: Wer konnte denn vor der Offenbarung Gottes in Jesus Christus überhaupt gerecht leben? Waren nicht alle Menschen außerhalb des Paradieses und jenseits von Eden in Brudermorde und Ehebrüche und Hinterlist und Lüge verstrickt? Und die Antwort darauf ist aus der Sicht des christlichen Glaubens verblüffend einfach und klar: Nein! Keineswegs war der Mensch außerhalb des Paradieses (also ohne die gnadenhafte Gemeinschaft mit Gott) zur Bosheit verdammt. Vielmehr blieben in der vom Sündenfall verwundeten (nicht jedoch zerstörten) menschlichen Natur die natürliche Sehnsucht nach mehr als dem bloßen Überleben im Kampf aller gegen alle, und es blieb das Vermögen, Gottes Spuren und Hinweise auch in der Welt jenseits von Eden zu spüren und aufzunehmen. Die Theologie nennt diese beiden Grundpfeiler einer Gerechtigkeit, die gleichsam als Grundwasserspiegel der Moralität auch nach dem Sündenfall verbleibt, „desiderium naturale" (natürliche Sehnsucht) und „potentia oboedientialis" (Hörvermögen). Gemeint ist die natürliche Sehnsucht nach Gott und die Möglichkeit, ihn zu erfahren. Diese Überzeugung bündelt sich in der katholischen Lehre vom Naturrecht, die besagt: Von Natur aus und auch ohne die Gnade der Offenbarung in Jesus Christus ist der Mensch in der Lage, die Grundgebote der Gerechtigkeit zu erkennen und auch zu halten – freilich nicht, dauerhaft den Weg der Liebe zu gehen, der die Gerechtigkeit bei weitem überbietet.

Die Grundgebote der Gerechtigkeit haben die sogenannte „Goldene Regel" als Grundlage: Handle so, wie
auch du behandelt werden willst. Auch der berühmte
„Kategorische Imperativ" des deutschen Philosophen
Immanuel Kant (1724–1804) „Handle stets so, dass die
Maxime deines Handelns allgemeines Gesetz werden
könnte!" geht in diese Richtung. Und diese menschliche Grundeinsicht findet sich in der Tat in sehr vielen
Hochkulturen und verdankt sich der grundsätzlichen
menschlichen Fähigkeit, sich und den Mitmenschen
auf eine vergleichbare Ebene (jedenfalls in den Grund-
rechten) zu setzen, mit anderen Worten: die Grundgebote der Gerechtigkeit zu universalisieren, also jedem Menschen zuzugestehen. Diese universalisierte
Verschränkung von Selbst- und Nächstenliebe ist der
menschlichen Vernunft von Natur aus einsichtig, und
dieses Naturrecht als Vernunftrecht ist die Grundlage
der Menschenrechte. Im Dekalog des Alten Testamentes bündeln sich die Grundrechte des Menschen,
die zugleich Rechte Gottes sind, weil der Mensch Geschöpf Gottes ist: Jeder Mensch hat das Recht auf Leben, auf Wahrheit, auf Eigentum, auf eheliche Treue.
Jeder Mensch kann diese Rechte mit der Vernunft seines Gewissens erkennen; der Dekalog in schriftlicher
Form ruft das nur in Erinnerung. So heißt es beim
hl. Irenäus von Lyon: „Von Anfang an hatte Gott die
natürlichen Gebote in die Herzen der Menschen eingepflanzt. Er begnügte sich zunächst damit, an sie zu
erinnern. Das war der Dekalog." (Adversus haereses 4,
15, 1) Und auf dieser Grundlage können dann die Pro-

pheten im Alten Testament Gerechtigkeit und Recht einfordern und Unrecht (wie etwa im Fall des Königs David, der dem Uriah die Ehefrau stiehlt, um sie für sich zu gebrauchen) anklagen.

Recht ruft nach Liebe

Dennoch bleibt klar: Die Gesetze und Gebote, soviele es auch sein mögen, erhalten eben nur einen minimalen Grundwasserspiegel der Gerechtigkeit, von dem kein Mensch leben, höchstens mehr schlecht als recht vegetieren kann. Rechte können eingeklagt werden, Liebe aber kann nur ersehnt werden. Und jede Witwe im alten Israel war durch das Gesetz vor dem Hungertod geschützt, war aber damit noch längst nicht der bedrängenden Sorge ledig, ob sie von irgendjemandem auch geliebt sei (und nicht etwa nur durch das Gesetz geduldet sei). Die Gebote weisen den minimalen Weg zu jener ersehnten Liebe, die am Ende des Alten Testamentes und im Neuen Bund Gott selbst schenkt. Das ist gemeint mit dem so genannten Höllenabstieg Christi: Ein Bild für Gottes Erlösung aller Generationen von Menschen, die je auf mehr als Gesetz und Gerechtigkeit gehofft haben. Und damit ist auch klar, dass das Christentum letztlich keine Morallehre, sondern Mystik, also Gotteserfahrung ist: Glaube an die Liebe des unsichtbaren Gottes, der sichtbar in Menschengestalt und in Gestalt der Kirche (und ihren Sakramenten) erscheint. Anders gesagt: Nicht die Gebote sind wichtig, sondern die Liebe zu Gott! Diese Liebe wird uns im Sakrament, in der Gabe des Heiligen Geistes geschenkt und das ist zugleich das Ende und die Vollendung des Gesetzes, das zwar die Gebote, nicht aber die Kraft dazu gab: „Wenn das alte Gesetz auch die Gebote der Liebe gab, so wurde durch dieses doch nicht der Heilige Geist verliehen, durch den die Liebe ausgegossen ist in unsere Herzen (Röm 5,5)." (Thomas von Aquin, Summa Theologiae I-II 107, 1) Aber diese Liebe wird vorbereitet durch die Gerechtigkeit von Menschen, die vor Christus lebten und ihr Herz und ihr Gewissen nach dem Richtigen und Guten befragten, und die vom Herrn im Abstieg des Todes heimgeführt werden. Und diese Liebe wird auch heute vorbereitet durch Menschen, die nichts (oder unzulänglich) von Christus gehört haben und aufrichtig nach der Stimme ihres Gewissens leben.

Am dritten Tage auferstanden von den Toten, aufgefahren in den Himmel

Endgültig mit diesem Satz des Glaubensbekenntnisses verlassen wir den Raum menschlicher Erfahrung. Und wenn Pontius Pilatus den historischen Nagel darstellt, an dem unser Glaube an Gott hängt, so bildet das Bekenntnis der Auferstehung den genauen Kontrapunkt, der das scheinbar sorgsam verankerte Glaubensgerüst gefährlich ins Wanken bringt. Denn die Auferstehung Jesu von den Toten und seine Heimkehr zum Vater kann man nicht mehr weiter erläutern und schon gar nicht in menschlicher Sprache ausdrükken. Und jeder erwachsene Zeitgenosse empfindet so etwas wie peinliche Berührtheit beim Anblick der in Jerusalem gezeigten Fußabdrücke Jesu kurz vor seiner Himmelfahrt. Und dennoch: Dies soll nicht diffamiert werden und schon gar nicht ins Lächerliche gezogen werden – es zeigt nur die Grenzen unserer Begriffe und Anschauungen. „Anschauungen ohne Begriffe sind blind, Begriffe ohne Anschauungen sind leer", sagt der schon erwähnte Philosoph Immanuel Kant, und er hat Recht, aber nur bis zum frühen Ostermorgen. Dann endet die Welt der Erfahrung, und der Sprung des Glaubens steht bevor – oder auch nicht, so dass man wie einst der reiche Jüngling traurig von dannen geht, weil man, wie dieser, ein großes Vermögen hatte, nicht aber den Mut zum Vermögen besaß, auf den mathematischen und ökonomischen Alltagsverstand entschlossen zu verzichten. Es ist die Traurigkeit des Mathematikers und des Technikers, des Montag-bis-Samstag-Menschen, der sich entschlossen dem Sonntag und dem Sprung in die Ewigkeit verweigert und im Alltag resigniert. „Es bleibt immer die Möglichkeit der intellektuellen Resignation", meint Robert Spaemann und zitiert ein berührendes Gedicht des Atheisten Gottfried Benn: „Ich habe mich oft gefragt/ Und keine Antwort gefunden/ Woher das Sanfte und das Gute kommt./ Weiß es auch jetzt noch nicht/ Und muß nun gehen." (Das unsterbliche Gerücht, Stuttgart 2007, 34)

Gott ersehnt uns

Auferstehung und Himmelfahrt kommen in der Mathematik nicht vor und sind technisch nicht zu erklären. Was also bedeuten sie? Vielleicht kann man es schlicht und ergreifend so sagen: Die Auferstehung Jesu ist keine Rückkehr in das irdische Leben, sondern Beginn der Heimkehr zum Vater, in dessen Wirklichkeit, die wir Himmel (oder Ewigkeit) nennen. Diese Heimkehr vollendet sich mit der Himmelfahrt. Das bliebe weiter nicht besonders belangreich, wenn nicht der Mensch (und wiederum jeder Mensch) davon betroffen wäre: Daß Jesus aufersteht, zeigt uns die Wahrheit der Wirklichkeit Gottes; dass er zum Vater heimkehrt, zeigt uns unser Ziel am Ende unseres irdischen Lebens. Oder anders und kürzer: Gott ist (jenseits des Todes) und er erwartet uns. Noch einmal wird an dieser Stelle deutlich: Das Christentum ist Glaube an Gott und seine Wirklichkeit, es ist nicht Glaube an die Moral oder umfassende Gerechtigkeit oder sonst etwas Nützliches. Und Gott muß notwendig jenseits unserer Erfahrung wirklich sein, sonst wäre er nicht Gott, sondern ein Popanz unserer Bedürftigkeit. Und Gott ist wirklich jenseits unserer Erfahrung nicht nur als der von uns Ersehnte, sondern zugleich (und wichtiger noch) als der uns Ersehnende. Das leuchtet sehr schön auf in den Worten Jesu an die Apostel im Abendmahlssaal: „Ich habe mich sehr danach gesehnt, vor meinem Leiden dieses Mahl mit euch zu halten." (Lk 22,15) Diese Sehnsucht Gottes nach uns Menschen ist der letzte Sinn von Auferstehung und Himmelfahrt. Und das genau ist die eigentliche Zumutung von Auferstehung und Himmelfahrt, Zumutung wiederum im wahrsten Sinne des Wortes, Zumutung aus dem Ewigen. Und es ist zugleich Ermutigung unserer stillen Hoffnung, dass das Böse nicht das letzte Wort haben wird, dass die Auferstehung und Himmelfahrt des Herrn auch Sieg über das Böse sind, dass der Weg zum Guten und zur Liebe in einem Menschenherzen und auch in einem Menschenleben möglich ist. Auch wenn der äußere Anschein oft dagegenzusprechen scheint, auch wenn der Kluge und der Liebende oft als der Dumme dastehen – das letzte Wort hat Gott mit seiner Auferstehung und Himmelfahrt, mit seiner ewigen Sehnsucht nach jedem Menschen, der je gelebt und den er je erschaffen hat. Und das ist der letzte Anker unseres Glaubens.

Er sitzt zur Rechten Gottes, des allmächtigen Vaters; von dort wird er kommen, zu richten die Lebenden und die Toten

Gibt es eine himmlische Sitzordnung? Natürlich nicht, und wir kennen die verirrte Frage der Jünger, wer in der Ewigkeit links und rechts vom Herrn sitzen dürfe ... Gott ist immer größer als unsere Vorstellungen und Wünsche, sonst wäre er nicht Gott, sondern nur ein klägliches Abziehbild unserer kleinen Bedürfnisse.

Irgendein Heiliger hat einmal gesagt, er wünsche sich im Himmel seinen Platz so, dass er von weitem vor sich und ganz in der Ferne den Schleier einer Vinzentinerin sehen könne. Die Plätze im Himmel werden so sein, dass es für jeden auch wirklich der Himmel ist. Und natürlich ist das Sitzen zur Rechten des Vaters bildlich gemeint, ebenso bildlich wie die allzu verständliche (und deshalb leicht in die Irre führende) Rede vom Gericht. Denn das Sitzen zur Rechten bedeutet den Beginn der Herrschaft des Messias, und was heißt das anderes als: den Beginn der Macht des Guten, besser: der Liebe. Das bedeutet aber auch: Gott ist vollkommen souverän, und er ist immer größer als unser Denken, unsere Vorstellung, unsere Sprache, unsere Erfahrung. Und der Mensch ist dazu ins Leben gestellt und dazu befähigt, von Gott zu lernen, von jenem Gott, der in Christus Mensch wurde und uns in der Kirche entgegentritt. Das ist die Grenze des Menschen und unseres Machens. Wäre es nicht so, würde nicht Gott uns erlösen, sondern der Mensch sich selbst, „die Erlösung aber ist verspielt, denn der Christus, den wir so zurechtmachen, erlöst nicht mehr, sondern bestätigt nur unseren Willen. Nein, es gibt nur eine einzige der Offenbarung entsprechende Haltung: die Bereitschaft, zu hören und zu lernen. Wer ist Jesus Christus? Jener, der aus der Offenbarung hervortritt." (Romano Guardini, Der Herr, Mainz 1997, 642)

Gericht der Gedanken

Gott ist und er ist gut, und genau darin besteht sein Gericht. Im Johannes-Evangelium gibt es den zunächst etwas rätselhaften Satz, der nun aber ein helles Licht auf die Art und Weise des göttlichen Gerichtes wirft: „Denkt nicht, ich werde euch beim Vater anklagen." (Joh 5,45) Licht zur Erkenntnis des Guten ist genug vorhanden – freilich auch genug Finsternis zur Verirrung. Aber es ist feste Glaubensüberzeugung der Kirche, dass Gott jedem Menschen genügend Gnade zum Heil schenkt, auch außerhalb der sichtbaren Kirche. Daher ist das göttliche Gericht kein Gericht der äußeren Feststellung von Schuld und Sünde und der daraus folgenden Verurteilung zu einer abzusitzenden Strafe. Es geht ja um Herz und Gesinnung des Menschen, nicht zuerst um äußere Taten. Und deswegen ist der Beichtstuhl und das Beichtsakrament dem göttlichen Gericht sehr viel näher und ähnlicher als ein weltlicher Gerichtshof, der sich doch nie vermessen dürfte, Gesinnung und Gewissen letztgültig zu beurteilen.

Jede äußere Tat beginnt mit der inneren Gesinnung und mit dem bloßen Denken, ja: Manchmal ist das Denken allein furchtbarer als die Vollendung solchen Denkens in der äußeren Tat. Carl Zuckmayer hat sein Büchlein „Die Fastnachtsbeichte" diesem Thema gewidmet, und er endet seine Erzählung so, wie er sie begonnen hat, nämlich im Beichtstuhl des Domkapitulars Dr. Henrici im Mainzer Dom: ‚Können Sie vor Ihrem Gott bekennen', fragte Henrici, ‚dass Sie dem

Täter keinen Befehl, keinen Auftrag zum Mord gegeben haben?' ‚Mit keinem Wort', sagte Viola, ‚mit keiner Silbe. Aber – ich habe es gedacht.' Gedacht – ging es Henrici durch den Sinn, während er versuchte, mit den Worten seines Glaubens ihr Zuspruch und Trost zu geben – gedacht – Gedanke – Wurzel aller Schuld ... Nicht als sie erkannten, dass sie nackt waren, verloren sie ihre Unschuld – denn Unschuld ist in aller, auch in der Mensch-Natur –, sondern als sie sein wollten wie Gott. Und will nicht der Liebende, seiner Passion verfallen, sein wie Gott – indem er das andere Leben ganz besitzen, behalten, für sich nehmen will – und nie mehr loslassen, und für immer haben – als seien ihm die Macht und die Schlüssel der Ewigkeit verliehen?" (Frankfurt/M. 1983, 140).

Das Für-sich-haben-Wollen wird stets in Gedanken vorbereitet, und jede Sünde hat hier ihren Ursprung. Deswegen vollzieht sich das Gericht stets im irdischen Leben, und es vollzieht sich als Vorbereitung, ja geradezu als Vorwegnahme des Endgerichtes. In letzter Sicht meint aber Gericht Zurechtweisung: Gericht über das Böse. So heißt es etwas rätselhaft in den Abschiedsreden Jesu im Johannes-Evangelium: „Sünde: dass sie nicht an mich glauben; Gerechtigkeit: dass ich zum Vater gehe und ihr mich nicht mehr seht; Gericht: dass der Herrscher dieser Welt gerichtet ist." (Joh 16,9–11) Nicht der Mensch als Ebenbild Gottes wird am Ende gerichtet werden, sondern Satan, der zum Bösen verführt, und der Mensch insoweit, als er der Verführung nachgab. Aber es bleibt der große Trost, dass das

Böse besiegt wird durch die Vergebung Gottes. Und dass der Mensch – jeder Mensch – getragen sein wird von jener Vergebung.

Fegefeuer

Der Gedanke aber an Gottes Gericht wäre nicht vollständig, wenn nicht das Purgatorium, das sogenannte Fegefeuer erwähnt würde, von dem der große französische Gelehrte Jacques LeGoff etwas ketzerisch behauptet, es sei im Mittelalter erfunden, besser: entdeckt worden, gleichsam als noch nach dem Tod eines Menschen weitergehende Wiedergutmachung von Schuld, als Zeitraum zwischen Tod und Weltgericht. Es ist die Geburt des Individuums und seines ganz unverwechselbaren Lebens, das für die Ewigkeit Gottes vorbereitet werden soll: „Mit dem Fegefeuer wurde zwischen dem individuellen Tod und dem Jüngsten Gericht der Staatsbürger des Jenseits geboren." (Die Geburt des Fegefeuers, München 1991, 284). Besser würde man wohl sagen: Das Denken über Gott entdeckt die Lücke der individuellen Wiedergutmachung des Menschen, hier in diesem Leben und über den Tod hinaus. Mit der Entwicklung der Theologie als Wissenschaft seit Anselm von Canterbury wird im Mittelalter verstärkt darüber nachgedacht, in welcher Weise denn ein Mensch Gutes in seinem begrenzten Leben und mit begrenzten Kräften tun könne. Und so entfaltet sich der bereits in der Bibel angedeutete Gedanke, Gott könne nach dem leiblichen Tod und vor der Ewigkeit dem Menschen Gelegenheit zum letzten Ausleiden und zur letzten Reinigung geben, als Vollendung gewissermaßen der vielen kleinen Entscheidungen für oder gegen Gott während des irdischen Lebens, als letzte große Scheidung und Entscheidung für oder gegen die Liebe, und damit für oder gegen Gott.

Der Apostel Paulus drückt es so aus: „Das Werk eines jeden wird offenbar werden; jener Tag wird es sichtbar machen, weil es im Feuer offenbart wird. Das Feuer wird prüfen, was das Werk eines jeden taugt. Hält das stand, was er aufgebaut hat, so empfängt er Lohn. Brennt es nieder, dann muß er den Verlust tragen. Er selbst aber wird gerettet werden, doch so wie durch Feuer hindurch." (1 Kor 3,13–15)

An diesem Bild setzt die katholische Lehre vom Fegefeuer an, gleichsam als letzte Vollendung einer notwendigen lebenslangen Entscheidung des Menschen für das Gute und gegen das Böse. Einer letzten notwendigen Entschiedenheit, Licht in das dämmerige Zwielicht des Alltags zu bringen, Licht in das eigene Unterbewusstsein und in die verborgenen Motive und Wünsche zu bringen. Im Fegefeuer wird jeder von uns wie in einem Film sein Leben anschauen und die verpassten Gelegenheiten zum Guten ausleiden und manches Böse bereuen können. Und es ist ein sehr trostreicher Gedanke, dass das in diesem Leben begonnene Gute von Gott zur vollkommenen Vollendung geführt werden wird und ebenso das Boshafte und Schlechte endgültig dem Nichts übergeben wird. Wenn wir nur wollen – und dieses Wollen muß hier und jetzt, noch in dieser Stunde und in diesem Leben beginnen. Niemand hat das wohl literarisch eindrucksvoller dargestellt als Clive S. Lewis in seinem Büchlein „Die große Scheidung". Im Vorwort notiert er: „Man kann nicht alles Gepäck mit auf alle Reisen mitnehmen; auf einer Reise mag sogar unsere rechte Hand und unser rechtes Auge unter den Dingen sein, die wir zurücklassen müssen. Wir leben nicht in einer Welt, wo alle Wege Radien eines Kreises sind, so dass sie alle, wenn man ihnen nur weit genug folgt, sich allmählich nähern, bis sie einander schließlich im Mittelpunkt treffen; vielmehr in einer Welt, wo jeder Weg sich nach einer Weile gabelt und jeder der beiden neuen Wege sich wieder gabelt, und an jeder Weggabelung müssen wir eine Entscheidung treffen... Die Erde, meine ich, wird von keinem am Ende als ein sehr deutlich unterscheidbarer Ort befunden werden. Die Erde ist, meine ich, wenn sie gewählt anstelle des Himmels, von Anfang an nichts als eine Provinz der Hölle gewesen; oder aber, wenn der Himmel vorgeordnet wird, von Anfang an schon ein Teil des Himmels gewesen." (Einsiedeln 1984, 7)

Gott verlangt vom Menschen sehr deutlich und klar eine Entscheidung und viele kleine Entscheidungen und ständige Scheidungen vom Bösen oder weniger Guten und damit ständige Abwägung von Besserem und Schlechterem. Das Bessere ist der Feind des Guten – das gilt lebenslang und bereitet die große Entscheidung für Gott nach dem Tod vor. Und das heißt Gericht: Nicht als äußerliche Gerichtsverhandlung, der man gelangweilt oder gar angewidert folgen könnte, sondern als Rechtsprechung Gottes über mein eigenes Leben. Und als Erkenntnis aller ergriffenen wie verpassten Gelegenheiten. Und als endgültiges Vertrauen auf die Barmherzigkeit Gottes.

Ich glaube an den Heiligen Geist

Der Apostel Paulus bringt es lapidar auf den Punkt: „Keiner erkennt Gott – nur der Geist Gottes!" (1 Kor 2,11) Gott ist das vollkommene Sein, und der Mensch als endliches Geschöpf mit begrenzter Erkenntnis und begrenztem Geist vermag ihn nur zu erkennen, wenn Gott dies schenkt. Und Gott schenkt seinen Geist, sich selbst in der dritten Person der Dreifaltigkeit, damit der Mensch ihn finden und erkennen kann: Schon in der Schöpfung, auch nach dem Sündenfall und vollkommen seit der Himmelfahrt Jesu Christi und seit Pfingsten, denn dort wird der Kirche der Heilige Geist geschenkt. Seitdem bleibt Gott der Welt und dem Menschen gegenwärtig durch die Gnade des Heiligen Geistes: im Herzen jedes Menschen und in besonders intensiver Weise im Herzen jedes getauften Christen, der in den Sakramenten diesen Heiligen Geist Gottes empfängt. So kann er schrittweise und voranschreitend im eigenen Leben Gott und seinen Willen erkennen. In jedem der sieben Sakramente, deren Zahl natürlich an die vollkommene Zahl der göttlichen Schöpfungstage erinnert, wird dem Menschen Heilige Geist geschenkt, also vollkommene Gegenwart Gottes, jeweils mit unterschiedener Wirkung und Gnade. Taufe und Priesterweihe werden als sogenannte Charaktersakramente bezeichnet, denn sie verleihen einen neuen inneren Charakter: dem Getauften die Angleichung an Christus durch die Tilgung der Erbsünde, dem Geweihten die Vollmacht Christi. Die Ehe verleiht die Gnade lebenslanger liebender Treue. Und Eucharistie, Beichte, Firmung und Krankensalbung verleihen die Gnade der Stärkung auf dem Weg des Lebens und in der Mühe der Unterscheidung von Gut und Böse. Der hl. Ignatius von Loyola erläutert am Schluß seines Exerzitienbuches die „Regeln zur Unterscheidung der Geister" aufgrund der Gnade und des Geschenks des Heiligen Geistes, der nun befähigt, im eigenen konkreten Leben den Willen Gottes zu finden in der Ordnung der ungeordneten Neigungen des eigenen Herzens und in der ständigen betenden Zwiesprache mit Gott.

Beten im Geist Gottes

Daher ist die erste Wirkung des Heiligen Geistes das Gebet. Es ist eigentlich mehr Kommunikation als Gespräch. Der hl. Ignatius von Loyola nennt es „colloquium misericordiae", also so viel wie: Unterhaltung der Barmherzigkeit, und er präzisiert: „Christus unseren Herrn sich gegenwärtig und am Kreuz hängend vorstellen und ein Gespräch halten: wie er denn als Schöpfer dazu kam, sich zum Menschen zu machen und vom ewigen Leben zum zeitlichen Tod niederzusteigen und so für meine Sünden zu sterben. Dann den Blick auf mich selber richten und betrachten, was ich für Christus getan habe, was ich für Christus tue, was ich für Christus tun soll. Das Gespräch wird mit richtigen Worten gehalten, so wie ein Freund mit seinem Freunde spricht..." (Exerzitien Nr. 53) Das Gebet ist also (vor jedem Sprechen) eine Weise der Gemeinschaft mit Gott, die Gott selbst durch den Heiligen Geist ermöglicht. Hier ist dann eine Sicherheit des Lebens erreicht, die durch das eigene Sterben hindurch die Ewigkeit Gottes erahnen lässt. Das Leben steht ein für alle Mal unter dem Vorzeichen der Heiligkeit Gottes, die als eigene Berufung in guten und in schlechten Tagen übernommen wird. So beschreibt es der Moraltheologe Klaus Demmer: „Wer sich in Gott geborgen weiß, der wird durch alle Dunkelheit seiner Lebensgeschichte hindurch eine unzerstörbare Gefasstheit des Geistes bewahren. Sein Glaube ist, durch Spiegel und Gleichnis, Vorausnahme endgültiger Schau Gottes von Angesicht zu Angesicht. Das Gebet hält die Erinnerung an diese Seligkeit wach. Darin liegt sein Erfolg beschlossen." (Gebet, das zur Tat wird, Freiburg/Br. 1989, 93) Das aber heißt zuletzt auch, zu beten um die Kraft des Geistes. Es ist die Bitte um den Geist Gottes, von dem es im Buch Jesaja heißt: „Der Geist Gottes des Herrn ruht auf mir, denn der Herr hat mich gesalbt. Er hat mich gesandt, damit ich den Armen die Frohe Botschaft bringe und alle heile, deren Herz zerbrochen ist, damit ich den Gefangenen die Entlassung verkünde und den Gefesselten die Befreiung, damit ich ein Gnadenjahr des Herrn ausrufe." (Jes 61,1–2) Christus selbst bezieht dieses Wort des Propheten auf sich (Lk 4,18–19), und jeder Christ darf und soll es auf sich selbst anwenden mit Hilfe der stillen Bitte um diesen Blick der aufmerksamen Liebe: Wohin sendet mich Gott? Wo kann ich ein zerbrochenes Herz heilen? Wo kann ich Not lindern? Wo wird durch mich das Gnadenjahr des Herrn sichtbar?

Die heilige katholische Kirche, Gemeinschaft der Heiligen

Und so erst wird dann sichtbar, was Heiligkeit des Menschen bedeutet: keineswegs ein grenzenloser moralischer Asketismus oder eine sterile Unberührtheit oder eine weltfremde Verbissenheit, sondern schlicht und einfach eine von Gott gewirkte und vom Menschen zugelassene Ergriffenheit und ein dann allmählich beginnendes Wachstum in der Liebe. Ich erinnere mich noch genau an den Abschluß unserer Exerzitien vor der Diakonenweihe im März 1987 in Rom. Der letzten Betrachtung dieser Exerzitien legte unser Exerzitienmeister den gestochen scharfen Text des Apostels Paulus aus dem Philipper-Brief zugrunde, wo es heißt: „Nicht, als hätte ich es schon ergriffen oder als wäre ich bereits vollendet, aber ich jage ihm nach, um zu ergreifen, weil ich von Christus Jesus ergriffen worden bin. Brüder, ich bilde mir nicht ein, es schon ergriffen zu haben. Eines aber tue ich: Ich vergesse, was hinter mir liegt und strecke mich nach dem aus, was vor mir liegt. Dem Ziel jage ich nach, dem Siegespreis der himmlischen Berufung Gottes in Christus Jesus." (Phil 3,12–14) Und wer dann in Rom auf dem weiten Oval des Petersplatzes steht und hinauf schaut zu den Kolonnaden, die den Platz einrahmen wie einladende und beschützende Arme, der erkennt die Idee des Architekten Gianlorenzo Bernini im 17. Jahrhundert: Die Kirche soll und darf für jeden Menschen, der aufrichtig Gott sucht, wie eine Mutter sein, die aufnimmt und behütet und erzieht. Aber um das zu verstehen, brauchen wir ein anderes Bild der Kirche als das Schreckgemälde von Schreibtischen und Aktenordnern und Bleistiften und oft sehr sündigen und schwächlichen Menschen in dieser Kirche. Christus hat seine Kirche gestiftet im Abendmahlssaal, also im Sakrament der Eucharistie, und er hat sie gestiftet aus lebendigen und höchst unterschiedlichen Menschen und Temperamenten; ein Blick in die kleine Schar der Apostel belehrt uns zur Genüge darüber. Menschen, die treulos und feige und aufbrausend und verlogen waren, aber dennoch stets zurückfanden zu Reue und Umkehr und dem neuerlichen Versuch, Gott und den Menschen zu lieben. Wir brauchen, mit einem Wort, ein lebendiges Bild der Kirche. Und wir gewinnen es im Blick auf die Kolonnaden, denn dort stehen die Heiligen. Und ist es nicht so, dass wir kein Wort des Evangeliums glauben würden, wären nicht Menschen dafür gestorben?

Jeder anders und jeder heilig

Am Glauben der altrömischen Märtyrer und der ganz modernen Heiligen entzündet sich erst unsere Flamme der Begeisterung und unser Verständnis von Heiligkeit. Thesen schwingen kann jeder und Verbalradikalismus hat noch keinem Menschen geholfen – Sterben aus Liebe zu Gott oder für andere ist eine ganz andere Sache, die nicht von dieser Welt ist. Vielleicht sind wir heute skeptischer als frühere Jahrhunderte angesichts fundamentalistischer Selbstmordattentäter oder fanatisierter Abtreibungsgegner; jede Religion kennt die Verirrung in Gewalt und Terror. Aber der Gedanke an sich bleibt doch faszinierend: Daß ein Mensch ganz und hingebend für andere und für Gott sein Leben einsetzt, in der Treue von Ehe und Freundschaft, in stiller Pflichterfüllung und in nicht nachlassender Bereitschaft zur Vergebung in der scheinbar vergeblichen Mühe des Alltags. So wie der hl. Maximilian Kolbe für einen Familienvater in den Hungerbunker in Auschwitz ging! So nämlich wächst der Mensch zu einer höchst individuellen und unverwechselbaren Heiligkeit heran und wird zum Abbild Gottes in der Welt. Erst so gewinnt ein Bild von Kirche und das Bild Gottes deutliche Gestalt. Und diese Gestalt, dieses Bild von Gott wächst mit jedem Menschen und entfaltet sich. Mir ist das einmal sehr deutlich geworden beim Betreten der Basilika St. Paul vor den Mauern in Rom, einer eigentlich sehr dunklen und dämmrigen, sehr großen Kirche. Betritt man sie durch einen der Haupteingänge, so muß sich das Auge erst an das gedämpfte Licht gewöhnen; allmählich gewinnt man einen Raumeindruck und sieht ganz in der Ferne, im Hochchor leuchtende Mosaiken. Sieht man genauer hin und geht man langsam nach vorn, so erkennt man immer deutlicher Heiligengestalten, die um Christus herum in der Chorapsis stehen und gleichsam auf den Betrachter warten, mehr noch: dem Eintretenden entgegengehen. Mir scheint das ein wunderbares Bild zu sein: Die Ewigkeit Gottes ist nicht leer, sondern schon gefüllt mit Menschen, mit Heiligen. Und sie erwarten uns und kommen uns entgegen, freuen sich auf uns und sind gespannt auf uns und unser heimgebrachtes Leben. Ja, dass jeder von uns sein eigenes Leben heimbringe zu Gott und so Gottes Bild vervollständige und vollenden helfe – das meint Heiligkeit.

Vergebung der Sünden

Die Rede von der Sünde ist in mehrfacher Hinsicht in ein Zwielicht und in eine seltsame Unbestimmtheit geraten, vielleicht auch, weil in der Vergangenheit in den Predigten und Katechesen und nicht zuletzt im Beichtstuhl allzu oft von Sünde und Sünden die Rede war. Sünde ist vermutlich mit dem altgermanischen Wort „Sund" verwandt. Gedacht ist an einen tiefen Graben, eine Trennung von ursprünglich zusammengehörenden Teilen, christlich gesprochen: die Trennung von Gott und Mensch, von Schöpfer und Geschöpf. Mit der

Ursünde der Abwendung von Gott im Paradies ent-
stehen in der Folge die vielen zwischenmenschlichen
Sünden, zuerst in den verfestigten Haltungen von
Neid, Geiz, Hochmut, Zorn, Wollust. Sodann folgen auf
dem gleichsam verseuchten Humus solcher verkehrter
Haltungen die falschen Verhaltensweisen. Dahinter
steht die Überzeugung: Wer zuerst den inneren Halt
in Gott verliert, der verliert dann auch die Haltung der
Lauterkeit und Gutheit und schließlich das gute Verhalten. Wenn also von der Vergebung der Sünden im
Glaubensbekenntnis die Rede ist, dann ist nicht in erster Linie gemeint, Gott verzeihe uns unsere Sünden,
sondern vielmehr Gott gebe uns die Möglichkeit zu
Umkehr und neuem Anfang. Vergebung heißt: Aufhebung der Zeit und Vergebung der menschlich un-
widerruflichen Schuld! Werner Bergengruen deutet in
dieser Weise in seinem wunderbaren Buch „Der Groß-
tyrann und das Gericht" übrigens die Auferweckung
des Lazarus im Johannes-Evangelium und meint, „es
sollte uns durch diesen Vorgang etwas ganz anderes
gelehrt werden, nämlich die Ungültigkeit der Zeit und
die vollkommene Vergebung... Der Herr also hat die
Macht des Widerrufs auch gegenüber jenem, das wir
für unwiderruflich halten; und für unwiderruflich gilt
uns das bereits Geschehene, das Vergangene. Er aber
ist ein Herr auch über die Vergangenheit. Zu keinem
anderen Ende ist die Auferweckung des Lazarus geschehen, als uns dies Geheimnis lehren." Und er lässt
daher den einfachen Färber Sperone, der wohl dem
hl. Franziskus nachempfunden ist, erklären: „Denn das

ist ja nicht die vollkommene Vergebung, dass angenommen wird, die geschehene Sünde solle so gelten, als sei sie nicht getan. Vielmehr ist dies die Beschaffenheit der unvollkommenen Vergebung, zu welcher wir Menschen untereinander fähig sind. Die vollkommene Vergebung aber, die nur von Gott geübt werden kann, ist eine andere, denn durch sie ist die Vergangenheit aufgehoben: die geschehene Sünde wird ungeschehen gemacht, sie ist nicht getan worden." (Hamburg 1935, 252) Vergebung heißt: Gott gibt uns in seinem Sohn (und jedem Menschen in der Taufe) den verlorenen inneren Halt zurück. Deswegen hieß es im alten Taufritus zu Beginn in dem kurzen Gespräch des Priesters mit dem Paten (für den Täufling): „Was begehrst du von der Kirche Gottes? – Den Glauben." In der Tat: In jedem der Sakramente schenkt Gott den Glauben an seine ewig genügende Liebe, aus der jetzt ein Leben in Heiligkeit und ohne Sünde möglich ist.

Zweite Bekehrung

Durch solche Aufhebung der Zeit ist wirklich ein neuer Anfang möglich! Ich erinnere mich gut, wie wir als Kinder trotzig waren und uns im Trotz gleichsam festgebissen und festgefahren hatten, ohne einen eigenen Ausweg aus dem Trotz zu finden. Wenn dann die Mutter kam und sagte: „Jetzt ist es wieder gut!", dann war das erlösende Wort gesprochen, die Uhr zurückgedreht und die Zeit angehalten: Jetzt war ein neuer Anfang möglich und es war wirklich wieder gut. Jede

Beichte ist solch ein Anhalten der Zeit und eine Erklä-
rung Gottes in den lossprechenden Worten des Priesters: Jetzt ist es wirklich wieder gut.

Jeder Heilige stellt auf seine Weise einen eigenen
Weg der Bekehrung und der Wandlung dar, jeder ist
so ein Bild des verlorenen Sohnes, jeder kommt aus
der Verirrung und kehrt heim zu Gott in der Erkenntnis der Sünden und in der Mühe der Besserung. Diese
Mühe der zweiten Bekehrung, die der ersten, von Gott
erwirkten Bekehrung durch die Taufe folgen kann und
soll, bleibt niemandem erspart, der es ernst meint mit
Gott und mit dem eigenen Leben. Es ist zunächst, und
das wurde schon kurz erwähnt, eine Mühe der täg-
lichen und höchst alltäglichen Unterscheidung und
Abwägung, wie sie eben der hl. Ignatius von Loyola
in den Exerzitien zur Einübung in den Willen Gottes
vorschlägt. Dort finden wir einige sehr praktische
Ratschläge, um sich in schwierigen Situationen und
Entscheidungen wirklich für das Bessere und den Weg
größerer Liebe entscheiden zu können. So etwa: „Einen Menschen sich vorstellen, den ich nie gesehen
noch gekannt habe, und ihm alle erreichbare Vollendung wünschen. Dann erwägen, was ich ihm sagen
würde, dass er tun und erwählen solle zur je größeren Ehre Gottes und zur größeren Vollendung seiner
Seele; und ebenso handle ich selbst und halte mich an
die Regel, die ich für den anderen aufstelle." (Nr. 185)
Oder: „Als wäre ich in der Todesstunde, bedenke ich
die Form und das Maß, das ich dann hinsichtlich der
jetzigen Wahl wünschte eingehalten zu haben; und

danach richte ich mich und treffe im ganzen meine Entscheidung." (Nr. 186) Oder: „Ich betrachte und erwäge, wie mir am Tage des Gerichts zumute sein wird, und ich überlege, wie ich dann wünschte, in der vorliegenden Sache entschieden zu haben..." (Nr. 187) Oder: „Zur Zeit der Trostlosigkeit soll man nie eine Änderung treffen, sondern fest und beständig in den Vorsätzen und der Entscheidung stehen, in denen man am Tag vor dieser Trostlosigkeit stand, oder in der Entscheidung, in der man im vorausgehenden Troste stand." (Nr. 318) Hinter all diesen Einübungen der Heiligkeit steht immer die feste Überzeugung: Gott vergibt unsere Sünden, aber er ermächtigt und befähigt uns zur Mitarbeit mit ihm. Die katholische Theologie bringt dies in dem Satz zum Ausdruck: Die göttliche Gnade setzt die menschliche Natur und das menschliche Mühen voraus und vollendet sie. Und daher ist jede ehrliche Gewissenserforschung und jede aufrichtige Beichte ein Schritt voran auf dem Weg der Heiligkeit, der durch Erkenntnis der Sünden und Reue und Umkehr und Wiedergutmachung gepflastert ist.

Wo sind die Schätze meines Lebens?

Die Legende berichtet vom hl. Diakon und Märtyrer Laurentius, der in der großen Christenverfolgung des Jahres 258 umkam, dass er vom geldgierigen Richter nach seiner Verhaftung den Befehl erhielt, binnen drei Tagen die Schätze der Kirche zu bringen, und in der Tat nach drei Tagen zurückkehrte zu dem überraschten Richter mit einer großen Schar von Kranken und Notleidenden und den kommentierenden Worten: Da sind die Schätze der Kirche! Worauf der Richter ihn kurzerhand foltern und umbringen ließ. Woraus aber für uns doch die Frage entsteht: Was sind denn die Schätze meines Lebens? Was häufen wir an Wichtigkeit und Bedeutsamkeit, an Geld und Gold und Aktien? „Nebentätigkeiten und deren Einkünfte" nennt das der Bundestag – aber im Ernst: Hat nicht jeder von uns solche Nebentätigkeiten, die immer mehr und fast unmerklich zu Hauptfeldern des tagtäglichen Karnevals der Eitelkeiten werden? Nebentätigkeiten, in denen wir uns zunehmend verlieren, ohne am Ende noch zu wissen, worauf es eigentlich im Leben ankäme? Auf den Todesanzeigen bleiben bestenfalls die gedruckten Titel, auf den Konten das hinterlassene Geld – was aber bleibt von uns in den Herzen von Menschen? Welche Eindrücke und Spuren hinterlassen wir? Jeder Tag fügt sich ohne unser Zutun unserem Leben hinzu und die Zeit schreitet unerbittlich voran. Nehmen wir das einfach passiv hin und lassen die Ereignisse über uns hereinbrechen? Oder sind wir bereit, unserem Leben eine innere und äußere Richtung und Form zu geben? Auf die Sündenvergebung durch Gott antworten hieße dann: Schätze sammeln durch Hingabe und Liebe, durch Sorge um Menschen, ohne dass es sich auszahlt und vergolten wird. Schätze unseres Lebens, die Gott Freude machen.

Auferstehung der Toten und
das ewige Leben. Amen.

Thomas Mann lässt sein großes Buch „Buddenbrooks" beginnen mit dem ersten Artikel des Katechismus „Ich glaube, dass mich Gott geschaffen hat samt allen Kreaturen", den die kleine Tony aufsagen muß, und er lässt es enden mit eben derselben Tony und ihrem Zweifel an einem Wiedersehen in der Ewigkeit: ‚Ach, es gibt Stunden, Friederike, wo es kein Trost ist, Gott strafe mich, wo man irre wird an der Gerechtigkeit, an der Güte... an allem. Das Leben, wisst ihr, zerbricht so manches in uns, es lässt so manchen Glauben zuschanden werden... Ein Wiedersehen... Wenn es so wäre...' Da aber kam Sesemi Weichbrodt am Tische in die Höhe, so hoch sie nur irgend konnte. Sie stellte sich auf die Zehenspitzen, reckte den Hals, pochte auf die Platte, und die Haube zitterte auf ihrem Kopfe. ‚Es ist so!' sagte sie mit ihrer ganzen Kraft und blickte alle herausfordernd an." (Berlin 1930, 729) Der letzte Satz des Credo mit seinem abschließenden „Amen" ist ein solches energisches „Es ist so!", das die Gemeinschaft der Kirche für uns spricht, der große Chor und die gewaltige Schar der Heiligen durch alle Jahrhunderte hindurch. Es wird ja eigentlich nichts Neues mehr gesagt, denn sowohl von der Auferstehung wie auch von der Ewigkeit Gottes war schon die Rede. Nur dass beides jetzt nochmals und ganz unverblümt vom Menschen ausgesagt wird: Jeder Mensch ist nach dem Plan Gottes für die Auferstehung und die Ewigkeit Gottes bestimmt. Es geht also nicht bloß um ein ewiges Weiterleben im Sinne eines zufriedenen „Weiter so!" oder um ein schlichtes „Wiedersehen" nach der kummervollen Kajakfahrt des eigenen Todes. Es geht um die Gemeinschaft der Menschen in der ewigen Liebe Gottes, für die jeder Mensch von Gott berufen und bestimmt ist. Ob er diese ewige Liebe erreicht, liegt nicht an Gott. Der will es. Es liegt jetzt nur mehr am Menschen. Ob der auch will und mit genügendem Ernst alle Kräfte des Lebens anspannt und sich entschieden ausstreckt auf diese Ewigkeit Gottes. Gesagt ist genug, Beispiele gibt es genug, Zeit ist genug. Jetzt muß der Sprung des Glaubens erfolgen, jetzt muß gehandelt werden, jetzt muß alles so betrachtet werden, als gäbe es Gott wirklich.

Gottes Versprechen

Der Glaube an Gott und die Auferstehung der Toten und das ewige Leben beinhaltet bei Licht besehen zugleich auch eine Antwort auf dieses ewige Versprechen Gottes, also ein Versprechen des Menschen, nämlich: Gott in Ewigkeit loben zu wollen. Johann Sebastian Bach hat das sehr eindrucksvoll im Schlusschoral seiner „Johannes-Passion" vertont; dort heißt die letzte, von geradezu jauchzender Musik unterlegte Zeile: „Mein Herr und Gott, erbarme dich! Ich will dich preisen ewiglich!" Beides gehört zusammen, beides ist ein einziges Gebet: Die Bitte, dass Gott uns erlaube, ihn auf ewig zu preisen. Können wir ermessen und erahnen, was das heißen könnte? Gott preisen? Könnten wir uns wenigstens ansatzweise und ahnungshaft vorstellen, dass dies genau auf ewig das Glück unseres Lebens sein könnte? Es gibt vielleicht keinen Gedanken des Credo, der schärfer und gebündelter Gott in das menschliche Denken und Handeln hineinlässt. Gottes Ewigkeit und seine ewige Gegenwart wird auf ewig uns genügen, uns auf ewig erfüllen und uns auf ewig mit unsagbarer Freude erfüllen, ohne dass wir seiner Gegenwart jemals überdrüssig und satt würden. Wirklich ein seltsamer Gedanke – und die letzte und notwendige Konsequenz unseres Glaubens.

„Gott allein genügt": Dios solo basta – so heißt die letzte Zeile des schon zitierten berühmten Gebetes der hl. Teresa von Avila im spanischen Original. Das hebräische „Amen" und das spanische „Basta" meinen beide: Gott ist – und das genügt auf ewig. Und der Beter weiß: Gottes Versprechen ist Treue. Gott verspricht uns seine Ewigkeit – und auf dieses Versprechen wird das Leben gewagt und alles auf eine Karte gesetzt. Und Gott wird uns nicht enttäuschen, das ist der letzte Anker des Glaubens!

Das Leben als Wette

Der schon erwähnte französische Philosoph Blaise Pascal, der nebenbei auch der Erfinder des Roulette-Spieles war, notiert im Jahre 1655 die berühmte „Wette" eines Menschen auf die Existenz Gottes, die dem Roulette nachempfunden ist. Die zentrale Textstelle lautet: „Zwei

Dinge habt ihr zu verlieren, die Wahrheit und das höchste Gut. Und zwei habt ihr einzusetzen, eure Vernunft und euren Willen – euer Wissen und eure Seligkeit. Zu meiden habt ihr zweierlei: Den Irrtum und das Elend. Bei der Wahl der einen wie der andern Karte hilft euch die Vernunft nicht weiter und doch muß gewählt werden. Soviel ist denn klar. Wie aber steht es mit eurer Seligkeit? Wägen wir den Gewinn und den Verlust, indem wir die Karte mit Kreuz festlegen auf ‚Gott ist!' Fragen wir, was dies für die Wahl bedeutet. Gewinnt ihr mit dieser Karte, dann gewinnt ihr alles, verliert ihr, dann verliert ihr nichts. So setzt doch ein, ohne zu zögern!" (Pensées, Fragment 397) In der Tat: Die Vernunft allein gibt uns keinen genügenden Beweis des Gottes Jesu Christi. Allein die Möglichkeit des Glaubens an Gott, die im menschlichen Geist aufleuchtet, gibt zu denken. Und die Möglichkeit ewiger Wahrheit und ewiger Seligkeit lässt den Sprung wagen. Aber der Sprung wird nur dann gelingen, wenn er über die bloße theoretische Möglichkeit Gottes hinausspringt in dem Raum des Lebens und Handelns. Wenn das Glaubensbekenntnis konkrete Folgen eines guten Lebens hat. Wenn dem Glauben an Gott die Mühe der Moral folgt. Und es wird nur gelingen in der beständigen Bitte an Gott, wenn es ihn denn wirklich gibt (was wir sehnlichst erhoffen), sich uns zu zeigen: „Laß mein Gemüt vom Hauch Deiner Ewigkeit berührt sein, damit ich das Werk der Zeit richtig tue und es einst hinübertragen dürfe in Dein ewiges Reich. Amen." (Romano Guardini, Theologische Gebete: Die gute Ewigkeit)

Nachwort

„Wenn das Christentum mit seinen Sätzen vom rächenden Gott, der allgemeinen Sündhaftigkeit, der Gnadenwahl und der Gefahr einer ewigen Verdammnis Recht hätte, so wäre es ein Zeichen von Schwachsinn und Charakterlosigkeit, nicht Priester, Apostel oder Einsiedler zu werden und mit Furcht und Zittern einzig am eigenen Heil zu arbeiten. Es wäre unsinnig, den ewigen Vorteil gegen die zeitliche Bequemlichkeit so aus dem Auge zu lassen. Vorausgesetzt, dass überhaupt geglaubt wird, so ist der Alltags-Christ eine erbärmliche Figur, ein Mensch, der wirklich nicht bis drei zählen kann." (Friedrich Nietzsche, Menschliches, allzu Menschliches I § 116). Mit gewohntem und gewünschtem Biß und nicht ohne polemische Übertreibung bringt Nietzsche es auf den Punkt: Unter der Voraussetzung, dass überhaupt ein Glaube an mehr als nur an ein langes Überleben sinnvoll ist, dass Glauben zum menschlichen Geist und zum Leben des Menschen gehört, unter dieser Voraussetzung muß man bis drei zählen und erkennen: Man kann den Alltag nicht einfach so hinter sich bringen, als gäbe es Gott nicht. Am Anfang war die Rede von der Devise auf den Londoner Bussen: Genieße dein Leben ohne

Sorge! Wie sähe es denn im Leben und in der Welt aus, wenn alle oder auch nur viele so handelten? Zeigen uns nicht die ständigen Krisen in der Welt, angefangen von der äußeren Umweltkrise über die Bankenkrise bis hin zur inneren Sinnkrise, ständig und deutlich die Notwendigkeit von Verantwortung? Darin aber steckt „Antwort", also heißt doch die alles entscheidende Frage: Wem will der Mensch in seinem Leben und Handeln Antwort geben? Nur sich selbst und den eigenen Bedürfnissen? Oder nur dem anderen Mitmenschen und dessen wechselnden Einfällen und Launen? Oder Gott und seiner Treue, der zu uns durch die Menschen spricht und sie verstehen lässt?

Ein Leben ohne Gott läuft aus dem Ruder - das ist die feste Überzeugung des Christentums. Und es ist auch, wenn wir so sagen dürfen, die feste Überzeugung Gottes selbst: Deswegen belässt er es nicht bei einigen schwachen Hinweisen auf sich und seine Existenz, sondern offenbart sich in Jesus Christus, in menschlicher Gestalt und menschlicher Geschichte. Und diese Offenbarung bleibt in den Sakramenten und im Leben der Kirche gegenwärtig, bis zum Jüngsten Tag. Und jetzt käme alles darauf an, dass jeder Mensch erkennt, dass es glücklich macht, an Gott zu glauben. Und dass jeder Christ erkennt, dass es unglücklich macht, nur als Alltags-Christ zu leben und ansonsten den lieben Gott einen guten Mann sein zu lassen. Vielmehr dass Gott will, dass man selbst ein guter Mann und eine gute Frau wird durch die Entdeckung der guten Möglichkeiten im eigenen Leben und in der eigenen Person. Und dass man Entscheidendes, ja die eigentliche Lebensentscheidung selbst verpasst, wenn man so lebt, als gäbe es Gott nicht. Denn es gibt ihn - was zu beweisen bleibt durch unser Denken und Tun!

Jetzt könnte man denken: Am Ende der Argumente und der Spitzfindigkeiten – wohin sind wir gelangt? Ist Gott beweisbar? Oder ist unser Glaube jetzt fester, trotziger, unangreifbarer? Wohl kaum. Wenn überhaupt: nachdenklicher und behutsamer. Und vielleicht getröstet durch die „Wolke von Glaubenszeugen" (Hebr 12,1), die uns umgibt und deren Glaube an Gott unseren Kleinglauben zu tragen vermag. Vom hl. Kirchenvater Ambrosius (339–397) wird ein schöner Satz überliefert, den Reinhold Schneider in seinem Buch „Verhängnis und Verheißung" zitiert: „Nimm hinweg die Argumente, wo man den Glauben sucht; man glaubt den Fischern, nicht den Dialektikern." (Würzburg 1963, 113) Dialektiker sind in der Sprache des Ambrosius blutleere Schreibtischtäter, Denker ohne Biß, Theoretiker ohne Bezug zur Praxis. Niemand von uns glaubt Schreibtischen oder Theorien, geschweige denn, dass man bereit wäre, sein Leben zu geben für geschriebene Sätze oder flüchtige Papiere. Der Glaube an Gott gibt zu denken, aber er wird bewiesen durch Leben und Sterben eines Menschen. Der glaubende Christ reiht sich ein in die Wolke von Zeugen und in die Schar derer, die seit den Tagen der einfachen Fischer am See von Tiberias die Stimme Jesu hören: „Kommt her, folgt mir nach! Ich werde euch zu Menschenfischern machen." (Mt 4,19) Es sind eben jene Fischer, die später, nach Ostern und der Auferstehung, an jenem See auf das Geheiß des Herrn die Netze auswerfen und nicht wieder einholen können, „so voller Fische war es. Da sagte der Jünger, den Jesus liebte, zu Petrus: Es ist der Herr!" (Joh 21,7) Wir brauchen Menschen und Ereignisse im Leben, die uns sacht und leise zuflüstern: Es ist der Herr! Und wir brauchen Momente der liebenden Aufmerksamkeit auf solche Menschen und Ereignisse, damit wir glauben: Es ist der Herr – und wie Petrus entschlossen springen, in den See, in das Leben, in die Ewigkeit.

Peter Schallenberg

Vom Glück des Glaubens

Jubelnde Menschen in Rom und beim Weltjugendtag – aber predigt die Kirche nicht auch das Ende der Spaßgesellschaft? Schallenberg zeigt, wie der christliche Glaube die alltäglichen Vorstellungen vom Glück durchkreuzt und zugleich auf eine andere und tiefere Weise glücklich macht.

ISBN 978-3-86744-050-9, gebunden, 176 Seiten

Sankt Ulrich Verlag

scher, die später, nach Ostern und der Auferstehung, an jenem See auf das Geheiß des Herrn die Netze auswerfen und nicht wieder einholen können, „so voller Fische war es. Da sagte der Jünger, den Jesus liebte, zu Petrus: Es ist der Herr!" (Joh 21,7) Wir brauchen Menschen und Ereignisse im Leben, die uns sacht und leise zuflüstern: Es ist der Herr! Und wir brauchen Momente der liebenden Aufmerksamkeit auf solche Menschen und Ereignisse, damit wir glauben: Es ist der Herr – und wie Petrus entschlossen springen, in den See, in das Leben, in die Ewigkeit.